Compendio temático de neologismos *Alemán – Español*.

Deutsche Neubildungen

Bajo la dirección de la Dra. Carmen Gierden Vega (Universidad de Valladolid) y con la colaboración de la Dra. Brigitte Eggelte (Universidad de Salamanca), la Dra. Bárbara Heinsch (Escuela Universitaria de Turismo "Altamira"/Universidad de Cantabria y UNED) y Dirk Hofmann (Universidad de Valladolid).

Carmen Gierden Vega, Brigitte Eggelte,
Bárbara Heinsch y Dirk Hofmann

COMPENDIO TEMÁTICO DE NEOLOGISMOS *ALEMÁN – ESPAÑOL*

Deutsche Neubildungen

ibidem-Verlag
Stuttgart

Bibliografische Information der Deutschen Nationalbibliothek
Die Deutsche Nationalbibliothek verzeichnet diese Publikation in der Deutschen Nationalbibliografie; detaillierte bibliografische Daten sind im Internet über http://dnb.d-nb.de abrufbar.

Bibliographic information published by the Deutsche Nationalbibliothek
Die Deutsche Nationalbibliothek lists this publication in the Deutsche Nationalbibliografie; detailed bibliographic data are available in the Internet at http://dnb.d-nb.de.

∞

Gedruckt auf alterungsbeständigem, säurefreien Papier
Printed on acid-free paper

ISBN-10: 3-8382-0113-2
ISBN-13: 978-3-8382-0113-9

© *ibidem*-Verlag
Stuttgart 2010

Alle Rechte vorbehalten

Das Werk einschließlich aller seiner Teile ist urheberrechtlich geschützt. Jede Verwertung außerhalb der engen Grenzen des Urheberrechtsgesetzes ist ohne Zustimmung des Verlages unzulässig und strafbar. Dies gilt insbesondere für Vervielfältigungen, Übersetzungen, Mikroverfilmungen und elektronische Speicherformen sowie die Einspeicherung und Verarbeitung in elektronischen Systemen.

All rights reserved. No part of this publication may be reproduced, stored in or introduced into a retrieval system, or transmitted, in any form, or by any means (electronical, mechanical, photocopying, recording or otherwise) without the prior written permission of the publisher. Any person who does any unauthorized act in relation to this publication may be liable to criminal prosecution and civil claims for damages.

Printed in Germany

Índice

Agradecimientos ... 7

Presentación (Carmen Gierden Vega) ... 8

La idea principal del diccionario ... 9

Disposición del diccionario (orden, estructura y acotaciones aclaratorias) ... 12

Bibliografía de referencia ... 16

Abreviaturas ... 23

**Acercamiento teórico al fenómeno de la *Wortbildung*
(Brigitte Eggelte y Carmen Gierden Vega)** ... 25

0. Contexto y justificación ... 25

1. La formación de palabras y sus funciones ... 26

    1.1. Composición y derivación de palabras ... 28

2. La formación de sustantivos ... 30

    2.1. Composición de sustantivos ... 30

    2.2. Elementos de juntura en sustantivos compuestos (*Kompositionsfuge*) ... 32

    2.3. Tipos de composición de sustantivos ... 34

    2.4. Derivación de sustantivos ... 38

        2.4.1. Derivación de sustantivos mediante sufijos ... 38

        2.4.2. Derivación de sustantivos mediante prefijos ... 42

    2.5. Formación de sustantivos mediante confijos ... 44

        2.5.1. Confijos alemanes ... 45

        2.5.2. Confijos prestados ... 45

            2.5.2.1. Confijos prestados en posición inicial ... 46

            2.5.2.2. Los confijos prestados en posición final ... 47

    2.6. Términos reducidos ... 47

3. La formación de adjetivos 50
3.1. Composición de adjetivos 53
3.2. Derivación de adjetivos 56
4. La formación de verbos 65
    4.1. Verbos con elementos léxicos preverbiales: estructuras - efectos semánticos - funciones gramaticales 66
        4.1.1. Estructura: sustantivo o adjetivo o verbo + verbo 66
        4.1.2. Estructura: adverbios o preposiciones + verbo 67
        4.1.3. Estructura: prefijos verbales inseparables + verbo 69
            4.1.3.1. Clasificación semántica y características sintácticas de los prefijos inseparables 70
        4.1.4. Estructura: partículas preverbiales separables e inseparables *durch- / hinter- / über- / um- / unter-* + verbo 73

Parte práctica (Carmen Gierden Vega, Bárbara Heinsch y Dirk Hofmann)
Compendio temático de neologismos *Alemán –Español* 77

Agradecimientos

Deseamos expresar nuestra más sincera gratitud a la Junta de Castilla y León que con su financiación y apoyo al proyecto *Los neologismos en la adquisición del alemán como lengua extranjera y sus equivalencias en español*, con referencia VA095A05 de nuestro equipo NEOLEX ha contribuido decisivamente a que este trabajo haya podido ver la luz.

LOS AUTORES

Presentación

Hablando en términos generales, el contacto de una lengua con lo ajeno y la apropiación de lo nuevo de otra lengua son dos constantes intrínsecas al intercambio cultural, socio-económico entre las distintas lenguas. La globalización de la cultura, de la ciencia y de la tecnología se hace, asimismo, extensiva a la lengua, imponiéndose el inglés en mayor medida en los contextos internacionales y, por consiguiente, en el lenguaje especializado y en el habla común. La ampliación del acervo léxico, mediante esta vía, favorece, además, una postura de apertura frente al etnocentrismo. En este sentido, la neología constituye un fenómeno lingüístico heterogéneo y multiforme que se amplía a muchos ámbitos tanto de la comunicación viva o coloquial como de la comunicación escrita.

Como se señala comúnmente: *„Die Bildung von Neologismen erfolgt nach Wortbildungsmodellen. Auf diese Weise werden sie schnell inkorporiert. Das kann Auswirkungen auf das Lexikon haben."* (Schippan 1992: 246). Abundando, precisamente, en este concepto, la integración de la nueva palabra, primero, en el vocabulario y, luego, en el diccionario conlleva respetar diferentes aspectos relativos a la morfología derivativa[1] (*Wortbildung*), a la fonología y a la grafemática. En la lengua alemana, la morfología de la formación de palabras preceptúa reglas importantes que precisan especial atención al carecer el español de correspondencias estructurales y configuracionales. La neología, precisamente, se ocupa en un sentido amplio de la creación léxica, atendiendo tanto la aparición en la lengua de barbarismos – préstamos y calcos – como de ítems léxicos completamente nuevos, que derivan de segmentos autóctonos y libres, siguiendo los recursos de formación y leyes morfológicas propias del idioma. De acuerdo con esta definición se trata de la sistematización de la *neología de forma*. Sin embargo, también se pueden presentar neologismos a nivel estrictamente conceptual. La *neología conceptual* o *semántica* estudia particularmente las unidades léxicas ya existentes en el vocabulario a las que se le otorga un significado completamente nuevo en un determinado momento con un fin específico. Por el contrario, en la neología *de sentido*, los recursos más importantes son la metaforización y la catacresis (metáforas). Todos estos recursos

---

[1] Entendida aquí como interacción entre léxico y sintaxis así como entre léxico y semántica (cfr. Naumann 2000³).

Presentación

están destinados a cubrir los vacíos léxicos de la lengua o como diría Eichinger (2000: 40): "*Wortbildung hilft uns, wenn uns die Wörter fehlen*". Así el hablante puede ampliar, diríamos que casi ilimitadamente, el vocabulario relativo a campos semánticos concretos a través de la utilización de nuevos modelos de motivación. Por citar brevemente dos ejemplos, el campo semántico de la moda y el de los colores; en ellos se producen neologismos con cierta fugacidad o perdurabilidad, que al igual que el objeto – la moda – al que caracterizan marcan tendencia bien durante una larga temporada, bien durante una determinada colección o bien encuentran una entrada sempiterna – como una prenda clásica o un básico en el fondo de armario – en el diccionario. Esto viene a confirmar, sin duda, lo que vaticinara Schippan (1992: 247): "*Die strukturell-semantischen Modelle sind zwar nicht neu (kirschrot, mausgrau), aber werden mit ungewöhnlicher Frequenz und immer neuer lexikalischer Füllung genutzt.*" Así pues, los nuevos matices de significación cromática que presentamos en nuestro diccionario (*power-pink, silbrigweiß, sonnengelb, leuchtturmrot, Zuckerwatte-Rosé,* etc.) están motivados por los precedentes o ya existentes y son claros ejemplos de metaforización que descansan sobre las motivaciones indirectas o secundarias de los modelos: *stahlblau, taubengrau*, etc.

El hablante apenas reflexiona críticamente sobre este fenómeno de la lengua, sólo cuando a propósito de las situaciones comunicativas concretas se enfrenta a palabras totalmente desconocidas para él sin saber qué contenido semántico otorgarles ni qué genero adjudicarles. Este último es quizá el más problemático, especialmente en lo que atañe a la adjudicación del género a los sustantivos fundamentalmente procedentes del inglés – aunque también esto afecta a otros barbarismos – a quienes se les da la bienvenida en el idioma de acogida. Existen algunas directrices que los autores de la presente obra han tenido en cuenta – en algunas ocasiones parcial o totalmente como exponemos más adelante.

La idea principal del diccionario

El conocimiento de los ítems léxicos que constituyen la neología y cómo éstos se llegan a generar – mediante la aplicación de reglas y la formulación de estructuras en forma de patrones canónicos – es, sin duda, uno de los aspectos más apasionantes que suscita el aprendizaje de una lengua extranjera. A pesar del impacto en el día a día de la comunidad lingüística, la neología sigue siendo un fenómeno que se escapa del interés de la gramática. Por esta razón, con la presente obra, intentamos paliar cuestiones léxicas que de ordinario no se recogen en las gramáticas al uso ya que habitualmente se centran en contenidos de tipo normativo. La obra viene a cubrir, en la medida de lo posible, estas carencias abordando el estudio del vocabulario en sus vertientes teóricas y prácticas. Por ello consta de dos partes:

- Una primera parte dedicada a la descripción y exposición sistemática de los diversos aspectos que constituyen la *Wortbildung* dentro de un marco metodológico de representación didáctica. Esta parte se justifica, en concreto, por la siguiente definición con la que nos sentimos especialmente concernidos:

> „Wortbildung befasst sich mit der Schaffung neuer Wörter, die auf der Grundlage bereits vorhandenen Wortmaterials auf verschiedene Art und Weise entstehen können. Dabei erfolgt die Bildung in Abhängigkeit vom Aufbau, von der Struktur des jeweiligen Wortes."
> (Lohde 2006: 13)

- Una segunda parte, que presenta la selección del corpus lingüístico según criterios de índole semántica (equivalencia de significado de los términos).

Así pues, a la hora de incorporar o desterrar muchas de las entradas hemos tenido en cuenta el impacto directo que tienen en la conciencia general de la comunidad lingüística. Además, la idea de que el presente diccionario debiera ser una herramienta útil en el aprendizaje del Alemán como Lengua Extranjera, nos ayudó a simplificar la selección de los campos conceptuales que forman parte del mismo. El presente diccionario surge, por tanto, de una necesidad lexicográfica, pero también didáctico-práctica para el discente de Alemán como Lengua Extranjera. Impulsados por este fin nos adherimos al siguiente principio metodológico:

> „Für das fachliche wie für das öffentliche Interesse müssten der deutschen Lexikographie zum einen kurzfristig die Fülle der gerade neu aufgekommenen Wörter und Wendungen – durchaus inclusive Okkasionalismen – dokumentiert werden sowie zum anderen langfristig, für exakt zu definierende Zeiträume, die sich etablierenden bzw. die nahezu etablierten Neologismen." (Kinne 1998: 104)

Conscientes en todo momento de la necesidad de emprender nuevos estudios que reflejen los cambios culturales y sociales, y su repercusión en la lengua actual, en la selección de las palabras de nuestro repertorio nos ha movido, precisamente, la utilidad, la concisión y el eclecticismo en relación con la circunstancia lingüística que nos ha tocado vivir. Buena muestra son los anglicismos que no sólo indican un

Presentación

préstamo lingüístico, sino también todo un sistema económico y social con cuyo promotor, es decir EEUU, la UE en el fondo se ha propuesto entrar en un ranking de competición. Hasta hace unos años, una duda que nadie se hubiera planteado, a la hora de hablar de nuestras exigencias particulares, era si "portátil o de sobremesa" refiriéndonos a un ordenador o a un teléfono, como mucho, hace 20 años, hubiéramos pensado en una radio, en una película o en cualquier otra cosa menos en un ordenador personal para cuestiones domésticas. Lo mismo hubiera sucedido con expresiones como "descargas" – sin duda, hoy en día, no sólo eléctricas -, "colgar", "espías informáticos", "bajarse música", "servidor", "estación de trabajo", "googlear", "demencia digital", "chatear", "coches híbridos", "modelos low cost". Como mucho, algunos de estos vocablos, hace años, hubieran hallado su justificación en el lenguaje técnico, pero no, como hoy, en el lenguaje popular y común. Esta realidad – en estrecha relación con la maleabilidad y la evolución del lenguaje - se traduce en sociedades cada vez más avanzadas tecnológicamente hablando, con nuevas adicciones, "los tecnoadictos", nuevas enfermedades producto de nuestro modo de vida precipitado y desordenado (*Binge-Trinken, Binge-Bating-Störung*), un nuevo modo de alimentarse (*Extra-Light-Produkte, Öko-Produkte*), una nueva clase de turismo que busca en el "wellness" su lema global – viajando con líneas aéreas de bajo coste (*Billigflieger*) -, empresas turísticas que publicitan el "enoturismo", el "ecoturismo" o agencias de viaje que organizan "circuitos termales" (*Wellnessurlaub*), la uniformización del mercado laboral y académico europeo con la consiguiente adaptación del contenido de los estudios universitarios a las demandas sociales (*Bachelorstudium, Creditsystem, Europäisches Sprachenportfolio*), la puesta en marcha de procesos de convergencia y transferibilidad a fin de favorecer el intercambio de los nuevos titulados (*Akkreditierungsagentur, Leistungspunkte, Akkumulierungs- und Transfersystem*). En este orden de cosas, se trata de la mercantilización del conocimiento, del surgimiento de nuevos tipos de relaciones y prestaciones sociales. En primer lugar, nuevos retos económicos; en segundo lugar, trabajos de consideración y renumeración devaluada (*Ein-Euro-Job, Minijob, Doppeljobber*); y, en tercer lugar, el denominado *networking* social *(gesellschaftliches Networking)* que permite, a través de la red, contactar con personas que comparten los mismos objetivos e ideas profesionales a fin de mantener relaciones fluidas y prosperar laboralmente. En definitiva, y gracias a las oportunidades que brinda la red, se abre un nuevo mapa de relaciones profesionales y sociales a todos los niveles (*Onlinelearning, Online-Buchhändler, Internetmusikshop, Phishing-Betrüger, Webapotheke*) y un vocabulario específiamente informático que no sólo concierne a la infraestructura informática sino que, también, afecta a la persona o al tipo de usuario (*gamer, noob, geek, newbie*, etc.).

Muchos de los nuevos vocablos puede que estén condenados a una fugaz modernidad (*Samenraub, Flut-Kanzler, Frauenfrage, Kopftuchstreit*) o, muy al contrario, a "cadena perpetua" (*Flachbildschirm, Power Napping, Metronap-Räume*).

En resumidas cuentas, los neologismos recogidos en la presente edición, evidencian una doble vertiente dentro de la creación léxica de nuevo cuño: por un lado, un alto grado de internacionalización y, por otro, una tendencia opuesta que huye de los préstamos gestionando los recursos lingüísticos propiamente autóctonos. Ello demuestra significativamente un avance hacia la construcción de la Europa común; por un lado, mediante el acercamiento y la homogeinización y, por otro, mediante el distanciamiento de entidades lingüísticas y culturales ajenas a la propia con el fin de guardar y reafirmar la propia identidad. Entre los neologismos que aporta el presente diccionario, que por su gran impacto mediático, social y cultural les aguarda muy posiblemente una larga vida en el acervo lingüístico, cabe destacar entre muchos otros: *Azubi-Pate, Patchworkfamilie, Bachelor-Student, Lesereporter-Foto, Ostalgie, Speeddating, Poly-Pille, Anti-Aging-Effekt, Technologiesüchtiger, Blog-Soziologe, Online-Wunschfernsehen, Pixel-Party*, etc.

Disposición del diccionario (orden, estructura y acotaciones aclaratorias)

He aquí, pues, el motivo fundamental de este diccionario: los neologismos y sus circunstancias así como la necesidad de ofrecer su definición, los ejemplos más ilustrativos procedentes principalmente de fuentes periodísticas y si se presta su explicación sobre su origen y uso, que en su caso aparece reseñado con la introducción de OBS (observaciones sobre el uso, el surgimiento u origen). Asimismo en las observaciones hemos procurado tratar la expresión, siempre que fuera posible, en relación con otros conceptos.

Presentación

Las más de 520 palabras contenidas - sin contar las formas de nuevo cuño subseyentes al neologismo presentado - han sido rubricadas por los siguientes campos semánticos[2]:

- **Arbeitswelt und neue Berufsbezeichnungen** (Mundo laboral y nuevas profesiones)
- **Bildungswesen: Hochschulraum, Schule und Berufsbildung** (Formación académica: Espacio de Enseñanza Superior, escuela y formación profesional)
- **Ernährung: Essen und Trinken, Gastronomie** (Alimentación: Comida y bebida, Gastronomía)
- **Fahrzeugwesen und Verkehrswesen: Autowelt, Luftschifffahrt, Schifffahrt** (Locomoción y transporte: El mundo del automóvil, transporte aéreo y marítimo)
- **Farben** (Colores)
- **Freizeit und Unterhaltung: Hobbys** (Ocio y entretenimiento: Aficiones)
- **Geräte: Material und Werkzeug** (Aparatos: Material y herramientas)
- **Geschichte: Vergangenheit und Ereignisse, schriftliche Überlieferung** (Historia: Pasado y acontecimientos, testimonio escrito)
- **Gesellschaft und Lebensstil: Menschliches Zusammenleben, Ehe, Familie** (Sociedad y modo de vida: Convivencia humana, matrimonio y familia)
- **Gesundheitswesen und Wohlbefinden: Krankheiten, Behandlung** (Sanidad y bienestar: Enfermedades y tratamiento)
- **Informationstechnologie** (Tecnología de la Información y Comunicación (TIC))
- **Kunst und Kultur: Kulturelle Ausprägung und Entwicklung, Nation (national)** (Arte y cultura: Fenómenos culturales, nación (nacional))
- **Medien: Presse, Fernsehen, Film und Kino, Radio und Audio** (Medios de difusión: Prensa, televisión y cine, radio y audio)
- **Mensch (Körper und Seele): Verhaltensweisen** (El hombre (cuerpo y alma): Comportamiento)
- **Migration: Integration, Herkunft** (Migración: Integración y procedencia)
- **Mode und Dekoration** (El mundo de la moda y de la decoración)
- **Politik** (Política)
- **Recht** (Derecho)

---

[2] Hemos escogido únicamente aquellos campos léxicos que fueran lo suficientemente compactos y relativamente amplios como para ser tenidos en cuenta, guiados siempre por el interés lingüístico para el que aprende Alemán como Lengua Extranjera.

- **Sport: Sportmedizin, Sportszene, Sportfans** (Deportes: Medicina deportiva, escenario deportivo e hinchas deportivos)
- **Sprache und Sprachwissenschaft** (Lengua y lingüística)
- **Tourismus: Urlaub, Reisen** (Turismo: Vacaciones, viajes)
- **Umwelt und Umweltschutz: erneuerbare Energien, Energieverbrauch, Natur** (Medioambiente y protección medioambiental: Energías renovables, consumo energético y naturaleza)
- **Wirtschaft und Finanzen** (Economía y finanzas)

Las palabras en ellos contenidos se han catalogado por orden alfabético y se encuentran impresas en letra negrita. A continuación se detallan el género y las marcas morfológicas de genitivo y plural, su posible traducción bien mediante paráfrasis o, en el caso de existir, mediante su total equivalencia. Los apuntes lexicográficos aparecen esquemáticamente representados de la siguiente manera:

Lexema (género, genitivo, plural): traducción exacta si la hubiere, si no, circunloquio + **ejemplo con su fuente (autor, título, página)**

En lo que a los préstamos provenientes del inglés se refiere, Stickel (2004: 18) constata lo siguiente: *„Der deutlichste Entwicklungszug im lexikalischen Sprachwandel der letzten Jahrzehnte ist die Anglisierung von Teilen der deutschen Lexik durch die Übernahme von Wörtern und Wendungen vorwiegend aus dem amerikanischen Englisch."* y más adelante asegura que *„Symptomatisch ist, dass einige der früher gebräuchlichen Romanismen durch Anglizismen ersetzt werden."* (19) Partiendo de estos hallazgos y como planteábamos muy al principio de nuestra presentación, los problemas que estos lexemas plantean no son pocos.

Desde un punto de vista morfo-flectivo, los anglicismos se someten generalmente adaptándose sin problemas al sistema flexivo de conjugación y declinación del alemán. Así, los adjetivos y adverbios se integran automáticamente, declinándose según el repertorio de formas del alemán. Por otra parte, los verbos se transfieren, sometiéndose al paradigma de la conjugación débil o regular y reciben de ordinario la terminación de infinitivo *–en*, aunque no se descartan ejemplos en *–eln*, o *-ern*. Sin embargo, el verdadero problema lo representa la asignación de género de los sustantivos a la hora de marcar las relaciones gramaticales, como la concordancia, entre las palabras de una oración. Generalmente se aducen tres principios fundamentales para el reconocimiento, la identificación y asignación del género:

1) El denominado principio pragmático selecciona el género natural, donde los elementos remiten al sexo de las entidades en el mundo real.

2) El principio semántico selecciona el género de la palabra extranjera en función de su homólogo autóctono (*die E-mail* = die Post; *das Speeddating* = das Treffen; *die Migranten-Community* = die Gemeinschaft).

3) El principio morfológico determina el género mediante los tipos de sufijos que intervienen en la formación de femeninos, masculinos y neutros como categorías identificables: *-er* →masculino, *-in* → femenino, *-ness* → femenino, *-ment*→ neutro, *-ing* → neutro.

Aparte de estos tres principios elementales, otros autores se valen de la "analogía grafemática" (especialmente utilizado en las palabras homófonas con las autóctonas (der Trouble / der Trubel), del "número silábico" (donde las palabras más breves suelen ser de género masculino) y de la "analogía de grupo". Este último principio selecciona el género en función del hiperónimo al que pertenece (der Westie → der Hund), es decir, en función de la relación semántica que existe entre las lexías donde el hipónimo toma el género del elemento superior o hiperónimo.

Por otra parte, la gran mayoría de los anglicismos forman el plural con el morfema *–s*, existente también en la lengua alemana. Raramente se dan formas de plural en *–en*, *-e* o cero para este tipo de préstamos.

Finalmente, y a sabiendas de que una obra de esta índole siempre resultará inconclusa - por la propia maleabilidad y avance de la lengua – el equipo *Neolex* se ha visto obligado a poner fin, por el momento, a esta investigación pero con la disposición de estar abierto a las sabias opiniones de los estudiosos, a cualquier sugerencia o crítica constructiva de lectores o estudiantes que ayude a mejorar o ampliar futuras investigaciones. Asimismo, el equipo es completamente consciente de que el material recopilado se enmarca en un periodo de tiempo limitado suponiendo, ciertamente, una aportación parcelada pero – nos parece - complementaria a otros diccionarios y estudios.

Carmen Gierden Vega
FEBRERO 2009

Bibliografía de referencia

Tratados generales de *Wortbildung*

Altmann, Hans/Kemmerling, Silke (2000), *Wortbildung fürs Examen*, Wiesbaden: Westdeutscher Verlag.

Barz, Irmhild/Schröder, Marianne/Hämmer, Karin/Poethe, Hannelore (2004), *Wortbildung – praktisch und integrativ. Ein Arbeitsbuch*, Frankfurt am Main: Peter Lang (Leipziger Skripten).

Donalies, Elke (2005), *Die Wortbildung des Deutschen. Ein Überblick*, Tübingen: Gunter Narr.

Donalies, Elke (2007), *Basiswissen deutsche Wortbildung*, Tübingen: Francke Verlag.

Eichinger, Ludwig M. (2000), *Deutsche Wortbildung: Eine Einführung*, Tübingen: Gunter Narr Verlag.

Erben, Johannes (2000[4]), *Einführung in die deutsche Wortbildungslehre*, Berlin: Erich Schmidt Verlag.

Fleischer, Wolfgang/Barz, Irmhild (1995[2]), *Wortbildung der deutschen Gegenwartssprache*, Tübingen: Niemeyer.

Hansen, Sabine/Hartmann, Peter (1991), *Zur Abgrenzung von Komposition und Derivation*, Trier: Wissenschaftlicher Verlag.

Lohde, Michael (2006), *Wortbildung des modernen Deutschen*, Tübingen: Gunter Narr Verlag.

Motsch, Wolfgang (2004), *Deutsche Wortbildung in Grundzügen*, Berlin: Walter de Gruyter.

Naumann, Bernd (2000[3]), *Einführung in die Wortbildungslehre des Deutschen*, Tübingen: Niemeyer.

Peschel, Corinna (2002), *Zum Zusammenhang von Wortneubildung und Textkonstitution*, Tübingen: Niemeyer.

Simecková, Alena (2004), "Zur jüngeren germanistischen Wortbildungsforschung und zur Nutzung der Ergebnisse für Deutsch als Fremdsprache". En: *DaF Nr. 3*, Leipzig: Langenscheidt, pp. 140-151.

Wellmann, Hans (1995⁵), "Die Wortbildung". En: *Duden Band 4. Duden-Grammatik*, Mannheim: Bibliographisches Institut, pp. 399-536.

Trabajos acerca de aspectos especiales de la *Wortbildung*

Busse, Ulrich (2004), "Anglizismen in Deutschland: historische Entwicklung, Klassifizierung, Funktion(en) und Einstellungen der Sprachteilhaber". En: Moraldo, Sandro M./Soffritti, Marcello (eds.), *Deutsch aktuell. Einführung in die Tendenzen der deutschen Gegenwartssprache*, Roma: Carocci, pp. 81-93.

Eggelte, Brigitte (2008), "Von der semantischen Leistung der Verbalpräfixe zur Systematisierung ihrer syntaktischen Konsequenzen". En: Eichinger, Ludwig M./Meliss, Meike/Domínguez Vázquez, María José (eds.), *Wortbildung heute. Tendenzen und Kontraste in der deutschen Gegenwartssprache*, Tübingen: Gunter Narr, pp. 131-142.

Eichinger, Ludwig M./Meliss, Meike/Domínguez Vázquez, María José (eds.) (2008), *Wortbildung heute. Tendenzen und Kontraste in der deutschen Gegenwartssprache*, Tübingen: Gunter Narr.

Elsen, Hilke (2004), *Neologismen. Formen und Funktionen neuer Wörter in verschiedenen Varietäten des Deutschen*, Tübingen: Gunter Narr.

Fuhrhop, Nanna (2000), "Zeigen Fugenelemente die Morphologisierung von Komposita an?". En: Thieroff, Rolf/Tamrat, Matthias/Fuhrhop, Nana/Teuber, Oliver (eds.), *Deutsche Grammatik in Theorie und Praxis*, Tübingen: Niemeyer, pp. 201-213.

Gierden Vega, Carmen (2008), "La neologicidad en su vertiente más amplia, con especial atención a los ocasionalismos". En: *Revista de Lengua y Lingüística Alemanas nº 2*, Sevilla, pp. 143-156.

Gierden Vega, Carmen/Burgos Cuadrillero, Beatriz (2008), "Los constituyentes – *fähig, -fest - pflichtig* y *–wert*: entre la composición y la derivación". En: *Revista de Lengua y Lingüística Alemanas nº 2*, Sevilla, pp. 95-107.

Gierden Vega, Carmen/Hofmann, Dirk (2008), „Wortbildung und Ad-hoc-Komposita: Typen, Implikationen und ihre möglichen Übersetzungen ins Spanische". En: Eichinger, Ludwig M./Meliss, Meike/Domínguez Vázquez, María José (eds.), *Wortbildung heute. Tendenzen und Kontraste in der deutschen Gegenwartssprache*, Tübingen: Gunter Narr, pp. 195-211.

Glahn, Richard (2002^2), *Der Einfluß des Englischen auf gesprochene deutsche Gegenwartssprache*, Frankfurt am Main: Peter Lang.

Hellmann, Manfred W. (2005), "The Lexicographic Explotation of the *Wendekorpus*: Looking back at the Themes and Discourses of the *Wende* with the *Wendewörterbuch*." En: Partridge, John (ed.), *Getting into German. Multidisciplinary Linguistic Approches*, Frankfurt am Main: Peter Lang, pp. 15-42.

Herberg, Dieter (1997), „Neologismen im allgemeinen Wörterbuch oder Neologismenwörterbuch?". En: Konerding, Klaus-Peter/Lehr, Andrea (eds.): *Linguistische Theorie und lexikographische Praxis*, Tübingen: Niemeyer, pp. 61-68.

Herberg, Dieter/Kinne, Michael (1998), *Neologismen*, Heidelberg: Julius Groos Verlag.

Jansen, Silke (2005), *Sprachliches Lehngut im "world wide web"*, Tübingen: Gunter Narr.

Kinne, Michael (1998), „Der lange Weg zum deutschen Neologismenwörterbuch". En: Teubert, Wolfgang (ed.), *Neologie und Korpus*, Tübingen: Gunter Narr, pp. 63-110.

Reichmann, Oskar (2006), „Historische Bedeutungslexikographie: Darstellung und einige Fragen". En: *Sprachreport IDS Nr. 2*, Mannheim, pp. 13-21.

Römer, Christine (2006), *Morphologie der deutschen Sprache*, Tübingen: Francke Verlag.

Sánchez Hernández, Paloma (2003), *El sufijoide alemán: entre la composición y la derivación*, Tesis Doctoral, Madrid: Universidad Complutense de Madrid, Facultad de Filología, Departamento de Filología Alemana.

Steffens, Doris (2005), "Neologismen im Deutschen = Angloamerikanismen?". En: Partridge, John (ed.), *Getting into German. Multidisciplinary Linguistic Approches*, Frankfurt am Main: Peter Lang, pp. 43-60.

Tellenbach, Elke (1985), "Wortbildungsmittel im Wörterbuch: Zum Status der Affixoide". En: *Beiträge zu theoretischen und praktischen Problemen in der Lexikographie der deutschen Gegenwartssprache* (Linguistische Studien Reihe A 122), Berlin: Akademie Verlag der Wissenschaften der DDR. Zentralinstitut für Sprachwissenschaft, pp. 266-315.

Teubert, Wolfgang (1998) (ed.), *Neologie und Korpus*, Tübingen: Gunter Narr.

Teubert, Wolfgang (1998): "Korpus und Neologie". En: Teubert, Wolfgang (ed.), *Neologie und Korpus*, Tübingen: Gunter Narr, pp. 129-170.

Wagner, Stefanie (2006), "Man muss nur danach googeln. Ein Verb macht Karriere." En: *Sprachreport IDS Nr. 2*, Mannheim, pp. 2-7.

Watts, Richard J. (2004), "Einflüsse des Englischen auf die deutsche Schriftsprache in der Schweiz und die Schweizerdeutschen Dialekte." En: Moraldo, Sandro M./Soffritti, Marcello (eds.), *Deutsch aktuell. Einführung in die Tendenzen der deutschen Gegenwartssprache*, Roma: Carocci, pp. 113-123.

Trabajos acerca de otras ramas de la lingüística que contienen materias de interés para la *Wortbildung*

Adamzik, Kirsten (2004), *Sprache: Wege zum Verstehen*, Tübingen: Francke.

Brauße, Ursula/Viehweger (eds.) (1992), *Lexikontheorie und Wörterbuch. Wege der Verbindung von lexikologischer Praxis*, Tübingen: Niemeyer.

Busch, Albert/Stensche, Oliver (2007), *Germanistische Linguistik. Eine Einführung*, Tübingen: Gunter Narr.

Eichinger, Ludwig M./Kallmeyer, Werner (2005), *Standardvariation. Wie viel Variation verträgt die deutsche Sprache?*, Berlin: Walter de Gruyter.

Eisenberg, Peter (2004^2), *Grundriss der deutschen Grammatik: Das Wort*, Stuttgart: Metzler.

Fleischer, Wolfgang/Helbig, Gerhard/Lerchner, Gotthard (eds.) (2001), *Kleine Enzyklopädie: Deutsche Sprache*, Frankfurt am Main: Peter Lang.

Gottlieb, Henrik/Mogensen, Jens Erik/Zettersten, Arne (2005), *Symposium on lexicography. Proceedings of the Eleventh International Symposium on Lexicography May 2-4, 2002 at the University of Copenhagen*, Tübingen: Niemeyer.

Haß-Zumkehr, Ulrike/Kallmeyer, Werner/Zifonun, Gisela (eds.) (2002), *Ansichten der deutschen Sprache*, Tübingen: Gunter Narr.

Kessel, Katja/Reimann, Sandra (2005), *Basiswissen Deutsche Gegenwartssprache*, Tübingen: A. Francke UTB.

Konerding, Kalus-Peter/Lehr, Andrea (eds.) (1997), *Linguistische Theorie und lexikographische Praxis*, Tübingen: Niemeyer.

Moraldo, Sandro M./Soffritti, Marcello (2004), *Deutsch aktuell. Einführung in die Tendenzen der deutschen Gegenwartssprache*, Roma: Carocci.

Partridge, John (2005) (ed.), *Getting into German. Multidisciplinary Linguistic Approaches*, Bern: Peter Lang.

Schippan, Thea (1992), *Lexikologie der deutschen Gegenwartssprache*, Tübingen: Niemeyer.

Schunk, Gunther (2002), *Studienbuch zur Einführung in die deutsche Sprachwissenschaft. Vom Laut zum Wort*, Würzburg: Königshausen & Neumann.

Stepanowa, M. D./Černỹseva, I. I. (1986^2), *Lexikologie der deutschen Gegenwartssprache*, Moskau: Vysšja Škola.

Stickel, Gerhard (2004), „Das heutige Deutsch: Tendenzen und Wertungen." En: Moraldo, Sandro M./Soffritti, Marcello (eds.), *Deutsch aktuell. Einführung in die Tendenzen der deutschen Gegenwartssprache*, Roma: Carocci, pp. 11-32.

Vogel, Petra Maria (1996), *Wortarten und Wortartenwechsel*, Berlin: Walter de Gruyter.

Diccionarios

Ammon, Ulrich/Bickel, Hans/Ebner, Jakob et al. (2004), *Variantenwörterbuch des Deutschen*, Berlin: de Gruyter.

Bär, Jochen A. (ed.) (2003), *Von „aufmüpfig" bis „Teuro". Die Wörter der Jahre 1971 - 2002*, Mannheim: Dudenverlag (Thema Deutsch. Band 4).

Bußmann, Hadumod (2002), *Lexikon der Sprachwissenschaft*, Stuttgart: Kröner.

Dornseiff. Der deutsche Wortschatz nach Sachgruppen (2004[8]), Berlin: Walter de Gruyter.

Herberg, Dieter/Kinne, Michael/Steffens, Doris (2004), *Neuer Wortschatz. Neologismen der 90er Jahre im Deutschen*, Berlin: Walter de Gruyter.

Heringer, Hans-Jürgen (2001), *Fehlerlexikon*, Berlin: Cornelsen.

Krämer, Walter (2002[2]), *Modern Talking auf Deutsch. Ein populäres Lexikon*, München: Piper.

Larousse. Diccionario de neologismos de la lengua española (1998), Barcelona: Larousse.

Limbach, Jutta (2007), *Das schönste deutsche Wort*, München: Hueber.

Limbach, Jutta (2007), *Ausgewanderte Wörter*, München: Hueber.

Müller, Wolfgang (2000), *Das Gegenwort-Wörterbuch*, Berlin: Walter de Gruyter.

Pfeifer, Wolfgang (2003), *Etymologisches Wörterbuch des Deutschen*. Erarbeitet unter der Leitung von Wolfgang Pfeifer. 6. Auflage, München: dtv.

Quasthoff, Uwe (2007), *Deutsches Neologismen Wörterbuch*, Berlin: Walter de Gruyter.

Slabý, Rudolf J./Grossmann, Rudolf/Illig, Carlos (2004), *Diccionario de las lenguas española y alemana. Español-Alemán.Alemán-Español*, Barcelona: Editorial Herder (versión en CD-Rom).

Direcciones de internet
Lothar, Lemnitzer/Tylman, Ule, *Wortwarte*. http://www.sfs.uni-tuebingen.de/~loth ar/nw/Archiv/Datum/d070108.html#w7
http://www.sprachnudel.de/
http://www.schubert-verlag.de/aufgaben/arbeitsblaetter_a2/a2_arbeitsblatt_kap4-01.pdf
http://www.mittelschulvorbereitung.ch/content/msvDE/St92Trendworter.pdf
http://www.mittelschulvorbereitung.ch/content/msvDE/St24cFachausdruckWerbung.pdf
http://www.mittelschulvorbereitung.ch/content/msvDE/St34uUniversi.pdf
http://www.mittelschulvorbereitung.ch/content/msvDE/St35eDenglisch.pdf

Abreviaturas

adj.	adjetivo
attr.	atributivo
loc. adv.	locución adverbial
OBS	observaciones
part.	participio
part. I	participio de presente
part. II	participio de pasado
pl.	plural
prep.	preposición
sg.	singular
v.	verbo
v. intr.	verbo intransitivo
v. sust.	verbo sustantivado
v. tr.	verbo transitivo

Acercamiento teórico al fenómeno de la *Wortbildung*

0. Contexto y justificación

El léxico de una lengua sufre constantes alteraciones y sometido a la dimensión temporal desaparece, aparece o resurge; eso no es nada nuevo. Dada su movilidad y su dispersión entre diferentes medios sociales y vocabularios especializados, como cualquier otro sistema abierto, también el repertorio léxico se ve incrementado e enriquecido constantemente mediante nuevos elementos desplazando así a otros que terminan por caer en desuso. Especialmente en las últimas décadas, el vocabulario ha reaccionado muy sensiblemente a los cambios sociológicos e históricos en la vida social de los hablantes y su interacción con el mundo y proporciona nuevas denominaciones a los adelantos y descubrimientos en el ámbito de la ciencia y la tecnología. En este aspecto, en la función nominal de las palabras, es precisamente donde más se estrecha el vínculo entre lengua, cultura, sociedad y su historia. El acervo léxico de una lengua puede ampliarse ilimitadamente de diferentes maneras, por un lado mediante la formación de palabras y por otro mediante el préstamo y el cambio semántico. Vocablos pertenecientes al dominio de la informática, como *Blogger* (= persona que lleva un diario electrónico), *Copy-Paste-Syndrom* (= el síndrome del copiar y pegar), *ergoogeln* (= googlear), de la política medioambiental, laboral o educativa, como *Passivhaus* (= casa sostenible), *Telearbeit* (= teletrabajo), *Leistungspunktekonto* (= cuenta de créditos) o de la medicina, como *Technologiesüchtiger* (= tecnoadicto), *Videochirurgie* (= videocirugía), *Abtreibungstourismus* (= turismo abortista), etc. explicitan esta necesidad denominativa tan dinámica y vitalista en el habla común de todos los días.

La siguiente exposición teórica, por tanto, se enmarca en un entorno lingüístico real que avanza vertiginosamente y donde es preciso recoger los aspectos más novedosos del léxico.

1. La formación de palabras y sus funciones

La formación de palabras, muy característica del alemán, constituye una parcela importante de la gramática situada entre la sintaxis y el léxico. Su función consiste en la ampliación del vocabulario mediante elementos léxicos significantes que a través de un proceso de gramaticalización pueden adquirir funciones diferentes y contribuir así a la adecuación sintáctica contextual en la oración, a la condensación de contenidos en el texto, y, en la comunicación, a las necesidades expresivas y a los efectos deseados por el hablante. El carácter estructural de la lengua alemana tiene gran capacidad combinatoria que favorece la formación de palabras nuevas con el fin de proporcionar mucha información en un espacio reducido. Esto propicia, a su vez, la transferencia de una categoría gramatical a otra, donde las reglas se pueden aplicar recursivamente:

kaufen	abkaufen	käuflich	Kaufhaus
Verb →	Verb →	Adjektiv →	Substantiv

Todas las clases de palabras son susceptibles de participar en el proceso de formación de nuevos términos, sin embargo, contribuyen predominantemente a la ampliación del acervo léxico los sustantivos, adjetivos y verbos.

El lexema (la raíz) aporta a la palabra su significado central (Haus / kauf- / rot). Los morfemas afijales o formantes son segmentos que preceden al lexema (prefijos) o lo siguen (sufijos) y establecen junto con él el significado de la palabra (Häus*chen* / *ein*kauf- / röt*lich*). Los morfemas flexivos o desinenciales indican las funciones gramaticales de declinación, conjugación y comparación y establecen la correspondiente función sintáctica de la palabra (Häus*er* / kauf*en*, kauf*te*, *ge*kauf*t* / rot*er*, rot*es*, rot*e*, röt*ere*, etc.).

Los componentes de una palabra pueden ser lexemas pertenecientes a la misma, o a diferentes clases de palabras: sustantivo+sustantivo (Haus/tür/schlüssel), adjetivo+sustantivo (Hoch/haus), sustantivo+adjetivo (hilfs/bedürftig) o verbo+adjetivo (schreib/faul).

La segmentación de la palabra en sus constituyentes inmediatos hasta llegar sucesivamente a los componentes mínimos destapa la motivación en cada proceso formativo. El análisis de los componentes nos permite, a parte de conocer cómo se originan las palabras a partir de los recursos lingüísticos existentes, pronunciar y acentuar correctamente la nueva palabra, facilitando así su comprensión y transmisión en el acto comunicativo. Este hecho se refleja, muy especialmente, en composiciones morfemáticas complejas, excesivamente expandidas, de tipo ocasional como es el caso que nos ocupa:

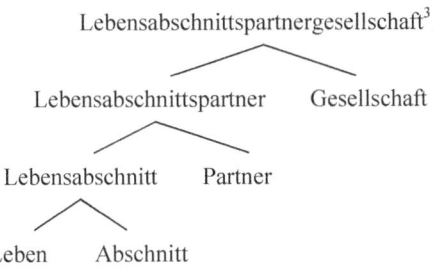

Schul/unterricht/buchhandlung/s/aktien/gesellschaft
Weiß/wurst/schöpfung/s/gerichte
Experimental/koch

Precisamente, este método taxonómico de clasificación jerárquica donde la agrupación se divide simultáneamente en sus constituyentes es un instrumento de análisis muy valioso para entender y reconocer palabras compuestas o derivadas así como los neologismos que no siempre figuran en los diccionarios. En estrecha relación con la clasificación correcta de una palabra múltiplemente compuesta y su disociación en los elementos estructurales que se refieren directamente a su organización lineal, también se encuentra la aplicación adecuada de la acentuación léxica que, por una parte subraya la motivación y por otra facilita la comprensión y comunicación oral. Por ejemplo, las palabras múltiplemente compuestas permiten en ocasiones varias interpretaciones:

---

[3] Véanse en el corpus los ejemplos *Vertrauensarbeitszeit, Biosprithunger, Handyfreisprechanlage*, etc.

Arbeiter-wohnungsbaugenossenschaft frente a *Arbeiterwohnungs-baugenossenschaft*. De la misma manera que la expresión *Raufasertapete* sólo se podrá interpretar correctamente si se reconocen sus constituyentes inmediatos:

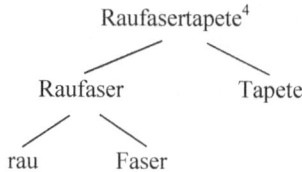

1.1. Composición y derivación de palabras

La modificación del significado de una palabra se realiza mediante la composición o derivación. Cuando dos o más lexemas forman una nueva unidad léxica se trata de una composición. En una palabra compuesta es siempre el último componente con autonomía léxica el que determina la clase de palabra a la que pertenece la nueva unidad. El primer componente de la nueva unidad léxica se convierte en palabra determinativa y lleva el acento.

De la tendencia a enriquecer el último componente léxico con otros lexemas capaces de establecer nuevas relaciones semánticas surgen, especialmente en el ámbito nominal, siempre nuevas composiciones generalmente con *un* componente determinativo, pero también son frecuentes las composiciones con dos o más componentes determinativos. El orden de los componentes determinativos se establece en función del tipo de la relación semántica con el último componente léxico (*Wasser-abfluss-rohr* (tubería de desagüe), *Hoch-see-fisch-fang-gesetze* (leyes de pesca en altamar).

En cambio se trata de una derivación cuando se forma una nueva unidad léxica con un lexema y con morfemas afijales (segmentos con significado léxico pero carentes de autonomía). En alemán, la formación de nuevas unidades léxicas mediante derivación constituye un proceso muy productivo que ofrece distintos procedimientos para su realización:

a) la modificación semántica del lexema que constituye la base derivativa manteniendo su significado categorial (Freund/Freund*schaft*, Haus/Häus*chen*, rot/röt*lich*, treu/*un*treu; kaufen/*ver*kaufen/*ein*kaufen),

---

[4] Véanse en el corpus los ejemplos *Oledinitiative, Oledleuchte* o *Heimkinoanlage*.

b) la modificación semántica, y la modificación del significado categorial del lexema mediante: 1) la transposición de un sustantivo en verbo (*der Dampf/verdampfen, der Regen/regnen, das Gift/vergiften, das Blut/verbluten, die Ruhe/beruhigen, das Volk/bevölkern*); 2) la transposición de un sustantivo en adjetivo (*das Glas/gläsern, das Eisen/eisern, der Wind/windig, der Himmel/himmlisch*); 3) la transposición de un adjetivo en verbo (*alt/veralten, arm/verarmen, krank/kränkeln, frisch/erfrischen, kalt/erkalten, klein/zerkleinern*); 4) la transposición de un adjetivo en sustantivo (*klug/die Klugheit, bequem/die Bequemlichkeit, hoch/die Höhe, dumm/die Dummheit*); 5) la transposición de un verbo en sustantivo (*erleben/das Erlebnis, verbinden/die Verbindung, verfolgen/die Verfolgung, wiederholen/die Wiederholung*); 6) la transposición de un verbo en adjetivo (*bewegen/beweglich, erklären/erklärbar, glauben/unglaublich*); 7) la conversión de verbos irregulares en sustantivos mediante apofonía (*finden/der Fund, fliegen/der Flug, helfen/die Hilfe, schneiden/der Schnitt, singen/der Gesang, tun/die Tat*); 8) la conversión de todo tipo de palabras en sustantivos neutros (*das Arbeiten, das Kaufen, das Essen, das Laufen, das Tanzen; das Rot, das Blau, das Wenn, das Aber, das Auf, das Ab*). Algunos verbos convertidos en sustantivos disponen, además, de una forma sin morfema de infinitivo, lo que conlleva el cambio de su género gramatical (*die Arbeit, der Kauf, der Lauf, der Schlaf, der Tanz*).

2. La formación de sustantivos

El vocabulario de la lengua alemana se completa de forma variopinta con diferentes categorías gramaticales. Una peculiaridad propia de la época actual es la ampliación del léxico a través de sustantivos y adjetivos. La formación de verbos es, en este sentido, mucho menos frecuente. Debido al crecimiento desmesurado de sustantivos, la etapa contemporánea del desarrollo léxico alemán se cataloga como la era del sustantivo (*Substantivitis*). Sobre todo es la consecuencia inmediata de la tendencia generalizada a la nominalización de la lengua alemana.

De entre todos los procedimientos de formación de palabras, la composición es uno de los recursos más óptimos para enriquecer su vocabulario y referir multitud de conceptos con relativa escasez de palabras primitivas. Muchos objetos que en otras lenguas poseen un nombre peculiar o, en el caso de no tenerlo, necesitan indicarse mediante grupos de palabras unidas con preposiciones u otras partículas, disponen en alemán de una lexía compuesta de dos o más palabras. Muchas lexías alemanas están constituidas por tantos elementos, que pueden o tienen que traducirse en español por frases o paráfrasis completas:

Binge-Bating-Störung = desorden alimentario de tipo nervioso que induce a comer compulsivamente[5]; *Binge-Trinken* = beber compulsivamente alcohol[6]; *Vogelgrippe* = gripe aviar[7]; *Alcopopsteuergesetz* = ley de impuesto sobre alcohol y especies alcohólicas[8].

2.1. Composición de sustantivos

En primer lugar, cabe advertir que el proceso de composición se origina por motivos de economía lingüística. Se siente por él una especial predilección en determinados estilos lingüísticos (lenguaje técnico, periodístico o publicitario). Si confrontamos el lenguaje periodístico alemán con el español en relación a los compuestos, veremos que los sustantivos compuestos en alemán son mucho más corrientes que en español y representan aproximadamente el 30%, mientras que en español sólo el 3% del cómputo global de todos los sustantivos son verdaderos compuestos. En la narrativa

---

[5] Véase corpus, apartado *Gesundheitswesen und Wohlbefinden*.
[6] Véase corpus, apartado *Gesundheitswesen und Wohlbefinden*.
[7] Véase corpus, apartado *Gesundheitswesen und Wohlbefinden*.
[8] Véase corpus, apartado *Recht*.

el porcentaje es menor. Si comparamos ambas lenguas, veremos que el alemán despunta como la lengua de la composición y el español como la lengua de la derivación. Se ve en ejemplos como *porcentaje, precariedad, (la) caída (del comunismo)* formadas en español por derivación, que en alemán son respectivamente *Prozentsatz, Notlage* y *Zusammenbruch (des Kommunismus)*. De ahí la necesidad de concentrar toda nuestra atención en la destreza del uso lingüístico productivo de la composición alemana.

En la composición de sustantivos predomina el tipo de construcción con dos o tres componentes léxicos sustantivos. Esta nueva composición siempre adquiere el género gramatical del sustantivo que constituye el último componente léxico, o componente básico, por ejemplo: la llave (der Schlüssel) se relaciona estrechamente con una puerta (die Tür), ésta, a su vez, puede relacionarse con una casa (das Haus), una vivienda (die Wohnung), un garaje (die Garage), un coche (das Auto), etc. El componente básico que determinará el género gramatical de toda la composición es *der Schlüssel*, y este término ocupará el último lugar del sustantivo compuesto. La siguiente relación se establece con *Tür* que puede constituir el primer componente determinativo de la nueva unidad léxica *der Türschlüssel*. Este primer componente determinativo está subordinado al componente léxico básico, en cuanto que identifica, especifica o limita su significado. Para su mejor identificación, este primer componente es susceptible de establecer relaciones semánticas de especificación o limitación expandiéndose hacia la izquierda, y de este modo resultan composiciones como *der Haus-tür-schlüssel, der Wohnungs-tür-schlüssel, der Garagen-tür-schlüssel, der Auto-tür-schlüssel, der Tief-garagen-tür-schlüssel*, etc.

La creación de ítems léxicos sustantivales se hace sobre todo extensiva a compuestos donde el primer constituyente es un sustantivo. El elemento modificador realiza entonces la función de atributo en lugar de los complementos atributivos, del nombre o preposicionales: *Goldring* (= *goldener Ring*), *Schuhgröße* (= *Größe* der *Schuhe*), *Schuhgeschäft* (= *Geschäft* mit *Schuhen*). Por esta razón, en alemán, se habla en estos casos concretos de *agglutinierte Attribute*. Por ejemplo:
Tierprodukt = ein *tierisches Produkt*, *Polizeimaßnahme* = eine *polizeiliche Maßnahme*, *Wollkleid* = ein *wollenes Kleid*, etc.

Un sustantivo como componente básico también puede establecer una relación léxica con lexemas de otras clases de palabras, siendo verbos y adjetivos los componentes determinativos más frecuentes. Composiciones de adjetivo + sustantivo expresan relaciones atributivas, *das Hochhaus, der Schnellzug, die Tiefgarage, die Feinbäckerei, der Rotstift*, etc., y en composiciones de verbo + sustantivo se observan relaciones funcionales, *der Backofen, die Drehscheibe, das Kaufhaus, das Nähgarn, der Fahrschein*, etc. También hay composiciones de pronombre + sustantivo, *das Niemandsland, das Selbstgespräch, die Ichsucht*; adverbio + sustantivo, *das Hinterland, die Rückfahrt, die Außentemperatur*; preposición + sustantivo: *die Abfahrt, die Ankunft, der Ausgang, der Inhalt, der Vorort*; y partícula + sustantivo, *das Jawort*.

Así pues, y a modo de resumen, la palabra fundamental indica la parte genérica y la palabra determinante individualiza y especifica su significado. El valor morfológico es mayor en la palabra fundamental que en la determinante. La categoría gramatical de la unidad resultante es la misma a la que la palabra fundamental pertenece; asimismo el género de la palabra fundamental es también el género del compuesto y la flexión de éste se reduce a la de la palabra fundamental, quedando invariable la palabra determinante. En cambio, la palabra determinante posee mayor fuerza fonético-articulatoria que la fundamental, pues sobre ella se carga el acento primario, mientras que la palabra principal no conserva más que el acento secundario y sobre ella recae menos intensidad articulatoria.

2.2. Elementos de juntura en sustantivos compuestos (*Kompositionsfuge*)

Cuando dos o más sustantivos forman un sustantivo compuesto, el término que actúa de componente determinativo se puede combinar con el sustantivo básico sin marcas flectivas respecto a su número o caso, *der Luft-druck, der Puls-schlag, die Wasserleitung, die Nacht-ruhe, das Heimat-gefühl, das Fenster-glas*. Sin embargo, la comprensión del nuevo término compuesto exige frecuentemente que el componente determinativo presente un elemento flectivo de juntura para establecer la composición con el sustantivo básico.

Se trata de los elementos flectivos *e, (e)n, er, (e)s*, que son marcas flectivas de plural o de genitivo singular, aunque en las composiciones no realizan estrictamente estas funciones gramaticales.

La elección de los elementos de juntura depende de varios factores, el tipo de flexión del sustantivo determinativo, el número de sus sílabas, su articulación y el establecimiento de series análogas. De este modo, sustantivos determinativos masculinos y neutros con la desinencia –(e)s en genitivo singular, y sustantivos determinativos masculinos con la desinencia -(e)n en genitivo singular presentan normalmente este mismo elemento de juntura en su composición con el sustantivo básico (der Freundes-kreis, das Tages-licht, die Landes-bank; das Menschen-leben, die Bärenhaut). También los sustantivos determinativos con terminaciones de plural –e, –n, –er suelen mantener estos mismos elementos de juntura en su composición con el sustantivo básico (die Hunde-rasse, der Schweine-braten, der Blumen-strauß, der Aschenbecher, die Straßenreportage, das Kinder-geschrei, das Bücher-regal).

Sin embargo, el elemento de juntura no siempre corresponde al paradigma flectivo del sustantivo determinativo, lo que se pone de manifiesto en sustantivos determinativos femeninos con los sufijos -heit, -ion, -keit, -schaft, -ung, -tät, y en sustantivos determinativos masculinos con los sufijos –ling y –tum que requieren regularmente el elemento de juntura –s (die Kindheits-erinnerung, der Krankheitserreger, die Deklinations-endung, der Sparsamkeits-sinn, das Landschafts-bild, der Freundschafts-bund, die Wortbildungs-regel, die Wiederholungs-übung, das Qualitäts-erzeugnis, die Identitäts-krise, die Säuglings-pflege, der Flüchtlings-strom, die Besitztums-verfügung).

También se observan sustantivos compuestos en los que un mismo término determinativo presenta diferentes elementos de juntura para establecer su composición con el último componente léxico (*der Arbeit-nehmer / der Arbeits-vertrag, das Rind-fleisch / der Rinds-braten / der Rinder-wahnsinn*). De la omisión del elemento de juntura pueden surgir diferencias de significado (*der Land-mann* – agricultor / *der Lands-mann* – compatriota; *Volks-kunde* – folclore / *Völker-kunde* – etnología; *Kindbett* – sobreparto / *Kinder-bett* - cama infantil).

Por todas estas razones aquí expuestas, la motivación del morfema de juntura es lingüísticamente intrínseca, esto quiere decir que su presencia o ausencia no se puede determinar de forma lógica ni racional. La arbitrariedad es un factor que acompaña a este fenómeno de modo itinerante en el surgimiento de nuevas palabras, precisamente, por su idiosincrasia de ser una unidad semánticamente vacía. Su presencia se debe fundamentalmente a las convenciones asentadas y creadas por la tradición. Lo cierto es que la ausencia de dicho elemento (*Nullfuge*) en los compuestos rebasa ampliamente su presencia como *Kompositionsfuge*.

El elemento de juntura no sólo aparece en los compuestos sustantivos sino que también actúa como nexo ilativo (*Verbindungskitt*) en composiciones adjetivales y adverbiales: *meilenweit, lesenswert, erwerbstätig, arbeitseifrig, arbeitssüchtig*.

2.3. Tipos de composición de sustantivos

Como se señala en el apartado 2.1. predomina en la lengua alemana el tipo de composición de sustantivos determinativos. Este tipo se caracteriza por la relación de subordinación de los componentes léxicos determinativos al componente léxico básico con el fin de identificar, especificar o limitar su significado.

No obstante, también se dispone de otros tipos de composición de sustantivos. En esta relación hay que atender a las unidades léxicas en posición inicial que, a nivel semántico, no realizan la función determinativa del sustantivo básico. Por una parte se trata de composiciones copulativas que admiten la inversión de sus componentes léxicos. Este tipo es poco productivo en la lengua actual y se observa en el ámbito comercial. Los componentes léxicos tienen la misma categoría, y su orden composicional, teóricamente aleatorio, es recurrente en la denominación de determinados productos comerciales que admiten esta inversión formal, por ejemplo: *Radio-wecker / Wecker-radio, Hemd-bluse / Blusen-hemd, Blusen-jacke / Jacken-bluse, Westen-pullover / Pullover-weste, Müsli-brei / Brei-müsli, Ofen-kamin / Kamin-ofen, Bett-couch / Couch-bett*, etc.

Las composiciones copulativas se mantienen en la onomástica, aun cuando, en la práctica, prevalezca una sola forma: *Karlheinz, Hanspeter, Hansjosef, Annemarie, Heidemarie, Lauramarie*, etc.

Además de la composición determinativa y copulativa se distingue, más específicamente, la composición relacional posesiva (*Possessivkompositum*). Se trata de composiciones idiomatizadas, es decir, de construcciones exocéntricas donde el significado se expande más allá de la dimensión recta del compuesto y su significado entraña una relación de posesión muy definida como en: *Rotschwänzchen, Graukopf, Langbein, Hasenfuß*. En analogía con las composiciones copulativas, también en las composiciones idiomatizadas las unidades léxicas en posición inicial no realizan, a nivel semántico, la determinación del sustantivo básico y sólo establecen una combinación formal, en cuanto que la significación de la unidad léxica inicial queda eliminada o muy lejana. Estas composiciones presentan una enorme productividad y adquieren una gran relevancia especialmente en la lengua hablada, coloquial y juvenil. En combinación con otra unidad léxica, constituyen nuevos términos idiomatizados que hacen referencia a características personales o relaciones circunstanciales e implican un significado de gran cantidad, intensidad o magnificación, a veces con una connotación jocosa o irónica, por ejemplo: *Dickkopf* (sturer Mensch), *Hasenfuß* (ängstlicher Mensch), *Spießbürger* (engstirniger Mensch), *Spatzenhirn* (dummer Mensch), *Dreikäsehoch* (kleiner Mensch), *Bohnenstange* (dünne Person mit hoher Statur), *Wuchtbiene* (üppige, hübsche weibliche Person), *Pfundskerl* (prächtige, tüchtige männliche Person), *Saukerl* (schlechte, gemeine männliche Person), *Spitzensportler(in)* (ausgezeichnete(r) Sportler(in)), *Bierbass* (eine sehr tiefe Stimme haben), *Biereifer* (übertriebenen Eifer zeigen), *Null-Bock* (Lust zu nichts haben), *Pleitegeier* (ein drohender Bankrott), *Affentempo*, *Affenzahn* (sehr hohe Geschwindigkeit), *Bombenstimmung* (sehr gute Stimmung), *Bombenstellung* (sehr gut bezahlte Stellung), *Fahrstuhl* (Lift), *Heidenangst* (sehr große Angst), *Heidenlärm* (sehr großer Lärm), *Höllenangst* (furchtbare Angst), *Hundewetter, Mistwetter, Sauwetter* (sehr kaltes oder regnerisches Wetter), *Katzenauge* (Rücklicht am Auto), *Katzenjammer* (schlechte Laune und/oder körperliche Beschwerden als Nachwirkung von übersteigertem Alkoholgenuss, Gewissensqual), *Lampenfieber* (Erregung eines Künstlers vor dem Auftritt), *Saftladen* (schlecht geführtes Geschäft), *Saustall* (sehr schmutziger Raum), *Wolkenkratzer* (ein sehr hohes Gebäude), etc.

Especialmente en la lengua hablada, coloquial y juvenil se observa la tendencia a formar sustantivos con determinados lexemas que van adquiriendo la función de morfemas léxicos perdiendo frecuentemente su significado original: das *Affen*tempo, der *Bier*ernst, der *Blitz*krieg, der *Scheiß*papierkram, etc. La significación primigenia de *Affe* ("mono") queda eliminada o muy lejana, accesible sólo a través de una pirueta imaginativa, en el compuesto *Affen*tempo ("a un ritmo o a una velocidad desmesurada"), y no digamos en el compuesto *Affen*zahn, que tiene el mismo significado, aunque aquí el referente Zahn ("diente") no sea la pieza bucodental sino el resalte intermitente del filo de ciertas herramientas, como la sierra, o de ruedas tractoras (dentadas). Lo mismo podría argüirse de cada uno de los ejemplos enunciados, a los que es común el significado de cantidad, intensidad o magnificación.

Algunos de los compuestos hipotácticos se consignan gráficamente mediante un guión, que en alemán recibe el nombre específico de *Durchkopplungsbindestrich*, para diferenciarse del guión separador de sílabas. Se trata generalmente de compuestos cuyo primer miembro es un nombre propio o geográfico o un barbarismo: *Euro-Wechselkurs, Berlin-Treffen, Afrika-Besuch, Bush-Administration, Bologna-Reform, Mini-Laptop*, unidades léxicas que contienen un numeral: *4-Zimmer-Wohnung* (también *Vierzimmerwohnung*), *Fünf-Kilometer-Umkreis, 100-Meter-Lauf*; o un acróstico *CO2-Zertifikat, DNA-Probe, SARS-Krise, EU-Kommission, UNO-Generalsekretär*. Además se escriben con guión los compuestos que contienen en sí mismos conexiones sintácticas con *und*: *Hammer-und-Sichel-Zeichen, Arbeiter-und-Bauern-Staat*. El guión ayuda a clarificar, sobre todo, las construcciones un tanto más complejas: *210-Megawatt-Kraftwerksblock, die Mund-zu-Mund-Beatmung, Flatrate-Angebote*.

Muchos de los compuestos son de carácter ocasional, es decir, composiciones únicas, como en: *zwei Weidesommer, zwei Schulwinter, in seinem vierten Honigsommer*.

Otro hecho léxico importante y que difícilmente se percibe, incluso por los hablantes nativos, es la *Zusammenbildung* (parasíntesis).

Este proceso tan característico para el alemán y que afecta a varias clases extensas de palabras recibe en español el nombre de parasíntesis. En la lengua española se trata de un tipo de composición más que se sale, eso sí, del tipo canónico y donde la creación de ítems léxicos no sólo es fruto de la combinación de palabras, sino también de la adición de afijos. Por ello usaremos la *Zusammenbildung* para referirnos de forma distintiva al proceso de ampliación de palabras que ocupa un lugar a caballo entre la derivación y la composición. Es decir, la unidad resultante se obtiene de dos procesos que interactúan simultáneamente y donde el sufijo realiza primordialmente la función de nexo de unión – función ilativa. Esto se aprecia claramente en las palabras *Arbeitgeber*, que se compone de /arbeit geb(en)/ + /er/, *Kundgebung* se compone de /kunde geb(en)/ + /ung/. Las palabras *Arbeitgeber* y *Kundgebung* parecen falazmente compuestas pero nada más lejos de la realidad, ya que el segundo elemento integrante no puede funcionar como palabra independiente fuera de la composición, es decir, el vocablo no es un elemento identificable como tema; de modo que

no existen ni * *Geber* ni * *Gebung*. Sin embargo cabe advertir que se dan algunos casos en los que el segundo elemento se ha llegado a independizar. En ocasiones, los límites entre composición y *Zusammenbildung* resultan imprecisos, vagos y cambiantes, pues las palabras pueden analizarse desde dos perspectivas diferentes. La unidad léxica *Gepäckträger*, - así como *Brief-, Brillen-, Bazillen-, Valenz-, Titelträger* - se puede reducir en sus constituyentes inmediatos de dos maneras:
- bien como *Zusammenbildung: /gepäck trag(en)/ + /er/*
- bien como composición: */gepäck/ + /träger/*

La *Zusammenbildung* afecta sobremanera a la creación de nuevos sustantivos, pero también a adjetivos, para los cuales los sufijos más productivos son *–er, -ung* (en sustantivos) y *–ig* (en adjetivos).

Las *Zusammenbildungen* con el sufijo *–er* hacen referencia a la persona o entidad que ejecuta la acción denotada por la base verbal y son por tanto nominales agentivos *Uhrmacher* (relojero = el que realiza la acción de hacer relojes), *Ratgeber* (asesor = la persona que da consejos o asesora), *Linkshänder* (zurdo), *Nichtraucher* (no fumador). También pueden hacer referencia a los instrumentos que realizan lo denotado por la base verbal, como *Staubsauger* (aspirador), *Lautsprecher* (altavoz), *Kugelschreiber* (bolígrafo), *Geschwindigkeitsmesser* (tacómetro).

Las unidades léxicas con el sufijo *–ung* designan un proceso: *Berichterstattung, Menschwerdung, Getrenntschreibung.*

El sufijo *–e* ya no se considera productivo en los casos de *Zusammenbildung*, pero su uso sigue siendo activo y se encuentra contenido en palabras como *Stellungnahme, Inangriffnahme, Gepäckaufgabe* o *Inbetriebnahme.*

Ahondando más en esta cuestión, hay otro tipo de composición muy productiva, que puede dar lugar a numerosas creaciones de tipo neológico - incluso formaciones masivas de lexías-, como es la denominada *Zusammenrückung* (contracción o amalgamiento). La *Zusammenrückung* se caracteriza por ser un proceso creativo donde se unen diferentes elementos con funciones sintácticas siguiendo su sucesión ordenada y manteniendo, en ocasiones, los morfemas relacionales, formando así un todo unitario: *Nimmersatt, Rührmichnichtan, Tunichtgut, Habenichts*, etc. Dicha unidad siempre se puede deshacer permaneciendo igual a sus partes sintácticas: *die Wichtigtuerei* (= *sich wichtig tun*), *24-Stunden-Rundumbe-*

treuung (= *jdn. 24 Stunden lang rundum betreuen*), *das Unter-Kontrolle-stehen, das Auf-der-Straße-gehen*, etc.

2.4. Derivación de sustantivos

La derivación es, junto con la composición, el *acontecimiento léxico* más importante y el recurso más utilizado en la formación de palabras de la lengua alemana. En la lengua alemana, la derivación explícita - que es la que utiliza morfemas derivativos - juega un papel sumamente importante en la ampliación y en el enriquecimiento del acervo léxico. Sumamente productiva resulta la derivación mediante la adición de sufijos que intervienen en la formación de nuevos sustantivos y adjetivos.

Más concretamente, para la derivación de sustantivos se dispone de numerosos morfemas léxicos afijales. Los prefijos sólo realizan la modificación semántica del sustantivo, pero no modifican su significado categorial. Los sufijos, sin embargo, que también son susceptibles de señalar una modificación semántica del sustantivo, modifican, además, su aspecto categorial, en cuanto que realizan la transposición de un verbo o un adjetivo en sustantivo. Esto quiere decir que los sufijos son los responsables de indicar el género y la categoría gramatical de la nueva palabra mientras que los prefijos colorean y modulan su significado. Frecuentemente se puede combinar el mismo sustantivo con varios sufijos de significado distinto. Los sufijos siempre determinan el género gramatical del sustantivo derivado, y la mayoría de los sufijos exige un género gramatical preestablecido.

El análisis sémico[9] alcanza una máxima eficacia en estos casos porque permite aprehender todos estos fenómenos léxicos relativos a la derivación y a través del análisis de las estructuras, tanto semánticas como morfológicas, nos permite acercarnos científicamente a la realidad léxica.

2.4.1. Derivación de sustantivos mediante sufijos

Muchos sufijos son susceptibles de una categorización semántica, lo que ayuda a reconocer el significado de los sustantivos:

-*chen* (el sustantivo siempre es neutro); señala diminutivos: *das Häuschen, das Kindchen*

---

[9] Entiéndase aquí con el ánimo de estudiar los sufijos y prefijos como una unidad semántica con un valor propio y determinado.

La formación de sustantivos

-e   (el sustantivo es femenino o presenta el género natural); señala:
a) nominalización de algunos adjetivos: *die Kälte, die Wärme, die Hitze, die Höhe, die Tiefe, die Länge, die Kürze, die Breite, die Enge*
b) nominalización de algunos verbos: *die Rede, die Reise, die Lehre, die Liege*
c) nominalización de adjetivos y participios (I y II) que presentan el género natural: *der/die Blinde, der/die Fremde, der/die Kleine, der/die Verwandte, der/die/das Neue, der/die/das Richtige, der/die/das Schöne, der/die Abgeordnete, der/die Angeklagte, der/die Angestellte, der/die Reisende, der/die Verletzte, der/die Vorsitzende*

-ei   (el sustantivo es femenino); indica el lugar donde se realizan actividades: *die Bäckerei, die Druckerei, die Konditorei, die Schlosserei, die Schreinerei*. Hay también viejos préstamos como: *die Arznei, die Polizei*

-er   (el sustantivo es masculino)

a) nominalización de verbos indicando a las personas que realizan la actividad: *der Fahrer, der Fleischer, der Geiger, der Käufer, der Hersteller, der Läufer, der Lehrer, der Manager, der Reformer, der Sänger, der Schüler, der Sprecher, der Spieler*

b) indica al habitante de un lugar o país: *der Berliner, der Frankfurter, der Kölner, der Tiroler, der Engländer, der Italiener, der Österreicher, der Schweizer, der Spanier,* (atención: *der Deutsche, der Franzose, der Russe*)

-erei   (el sustantivo es femenino); expresa, mediante la nominalización de verbos una connotación despectiva por el acusado sentido iterativo de la acción verbal: *die Angeberei, die Angstmacherei, die Fahrerei, die Fresserei, die Lauferei, die Sauferei, die Schmiererei,* así mismo *die Drängelei*

-sel   (masculino y neutro); como el sufijo anterior tiene una connotación peyorativa: *das Geschreibsel, das Gerinnsel, der Schlamassel*

-heit   (el sustantivo es femenino); nominalización de adjetivos primarios y de algunos participios: *die Dummheit, die Dreistheit, die Freiheit, die Gesundheit, die Klugheit, die Krankheit, die Schönheit; die Interessiertheit, die Unerfahrenheit*

-in   (el sustantivo es femenino); señala a personas femeninas y algunos animales femeninos: *die Assistentin, die Chefin, die Direktorin, die Ministerin, die Ma-*

nagerin, die Freundin, die Käuferin, die Goldschmiedin, die Lehrerin, die Leiterin, die Kölnerin, die Französin, die Russin, die Spanierin, die Löwin, die Hündin

-*keit* (el sustantivo es femenino); nominalización de algunos adjetivos, especialmente adjetivos derivados en -*bar*, -*ig*, -*lich*, -*sam:* die Eitelkeit, die Sauberkeit, die Dankbarkeit, die Haltbarkeit, die Lesbarkeit, die Einigkeit, die Eindeutigkeit, die Lebendigkeit, die Schnelligkeit, die Traurigkeit, die Ängstlichkeit, die Bequemlichkeit, die Feindlichkeit, die Freundlichkeit, die Menschlichkeit, die Möglichkeit, die Sparsamkeit, die Einsamkeit, die Gemeinsamkeit

-*lein* (el sustantivo es neutro); diminutivos (puede actuar como alternativa de – *chen*): das Häuslein, das Kindlein

-*ler* (el sustantivo es masculino); indicación de actividades (profesionales): der Künstler, der Wissenschaftler, (así mismo: **-ner**: der Gärtner, der Klempner, der Schuldner)

-*ling* (el sustantivo es masculino); señala características personales: der Feigling, der Flüchtling, der Liebling, der Säugling, der Schützling, der Sträfling

-*nis* (el sustantivo es neutro o femenino); nominalización de verbos: das Erlebnis, das Gefängnis, das Zeugnis, die Kenntnis

-*schaft* (el sustantivo es femenino); indicación de relaciones de colectividad: die Bereitschaft, die Bruderschaft, die Freundschaft, die Gesellschaft, die Gemeinschaft, die Leserschaft, die Präsidentschaft

-*tum* (el sustantivo es masculino o neutro); indica pertenencia a una colectividad y situaciones: das Bürgertum, das Christentum, der Irrtum, der Reichtum

-*ung* (el sustantivo es femenino); nominalización de verbos simples y derivados: die Achtung / die Verachtung, die Anleitung, die Begegnung, die Ergänzung, die Stimmung, die Vermehrung, die Verwirklichung, die Wiederholung

Los sufijos nativos se complementan con sufijos de origen latín o griego, en cuanto que se observa una gran productividad de sustantivos, préstamos del latín o griego, que enriquecen significativamente el acervo léxico de la lengua alemana actual. En analogía con los sufijos nativos determinan el género gramatical del sustantivo derivado, y la mayoría de estos sufijos exige un género gramatical preestablecido. Así mismo aumentan los préstamos del inglés que se caracterizan por el sufijo verbal de gerundio *–ing*:

-ade:	*die Ballade, die Marmelade, die Marinade, die Universade, die Olympiade*
-age:	*die Courage, die Blamage, die Spionage*
-ament/-ement:	*das Fundament, das Testament, das Medikament, das Engagement*
-and/-ant(in):	*der Doktorand/die Doktorandin, der Demonstrant/die Demonstrantin, der Debütant/die Debütantin,* (también con sustantivo nativo: *der Lieferant*)
-ent(in):	*der Konkurrent/die Konkurrentin, der Korrespondent/die Korrespondentin, der Referent/die Referentin, der Präsident/die Präsidentin, der Student/die Studentin*
-anz/-enz:	*die Arroganz, die Ignoranz, die Differenz, die Konkurrenz*
-ar/-är(in):	*der Bibliothekar/die Bibliothekarin, der Funktionär, der Millionär/die Millionärin, der Sekretär/die Sekretärin, das Militär*
-asmus-/ismus:	*der Sarkasmus, der Analphabetismus, der Nationalismus, der Terrorismus, der Rationalismus, der Hinduismus*
(i)at/:	*das Konsulat, das Sekretariat, das Notariat*
-esse/-ette:	*die Delikatesse, die Hostesse, die Operette, die Majorette*
-eur(in):	*der Friseur/die Friseurin, der Masseur/die Masseurin, der Monteur/die Monteurin*
(er)ie:	*die Maschinerie, die Demokratie, die Monarchie, die Anarchie*
-ier:	*der Offizier, der Bankier*
-iker(in):	*der Akademiker/die Akademikerin, der Historiker/die Historikerin, der Chemiker/die Chemikerin, der Satiriker, der Asthmatiker*
-ist(in):	*der Feminist/die Feministin, der Komponist/die Komponistin, der Sozialist/die Sozialistin, der Kommunist/die Kommunistin, der Statist/die Statistin, der Terrorist/die Terroristin*
-or(in):	*der Doktor/die Doktorin, der Professor/die Professorin, der Inquisitor, der Generator*
-(i)tät:	*die Fakultät, die Stabilität, die Universität, die (Ir)rationalität*

-(t)ion: die Aktion, die Demonstration, die Funktion, die Investition, die Intervention, die Kombination, die Deklination, die Explosion, die Rebellion
-ur: die Kultur, die Zensur, die Glasur, die Tastatur
-ing: Driving, Living, Marketing, Mobbing, Shopping, Timing, Learning-by-doing

2.4.2. Derivación de sustantivos mediante prefijos

Los prefijos modifican el significado del sustantivo básico, pero no su género gramatical.

El tipo *Ge+sustantivo+(e)* indica una colectividad:

a) en muchas de estas formaciones apenas se aprecia su motivación: *das Gebäck, das Gefäß, das Gefühl, das Genick, das Gepäck, das Gestühl, das Gebäude, das Gebirge, das Geländer, das Gemüse, das Getreide, das Gewebe, das Gewerbe, das Gewölbe, das G(e)leis*

b) otras formaciones pueden indicar algún tipo de asociación: *die Gebrüder, der Gefährte, der Genosse, der Geselle*

c) otras formaciones pueden tener significado peyorativo: *das Geschmiere, das Geschrei, das Gesinge, das Getue*

d) el tipo *Mit+sustantivo* (concurre con el prefijo Ko(n)+sustantivo) indica también una asociación o colectividad: *der Mitarbeiter, der Mitbürger, der Mitfahrer, der Mitläufer*.

Para otorgar un significado negativo a un sustantivo básico se dispone de diferentes prefijos:

a) el prefijo de negación *Un-* aparece con frecuencia ante sustantivos abstractos derivados de adjetivos: *die Unabhängigkeit, die Unannehmlichkeit, die Unbesorgtheit, die Uneinheit, die Unfruchtbarkeit, die Ungültigkeit, die Unklarheit*

b) *Un+sustantivo* posee frecuentemente un claro antónimo positivo: *das Glück/das Unglück, die Art/die Unart, das Behagen/das Unbehagen, das Ding/das Unding, der Fall/der Unfall, die Geduld/die Ungeduld, die Gunst/die Ungunst, die Kenntnis/die Unkenntnis, die Ordnung/die Unordnung, die Ruhe/die Unruhe, die Schuld/die Unschuld, der Sinn/der Unsinn*

La formación de sustantivos 43

c) el prefijo *Un-* puede aportar a un sustantivo un valor de aumento negativo o desconocido: *der Unmensch, das Ungetüm, die Unmenge, das Unwetter, die Unzahl*
d) el prefijo *Ur-* aporta a un sustantivo el valor de precedencia temporal: *der Urwald, der Urahne, die Urgroßmutter*
e) el prefijo de negación *Nicht-* puede aparecer ante sustantivos abstractos deverbales: *die Nichtachtung, die Nichtduldung, die Nichtrealisierung*
f) *Nicht+sustantivo* puede indicar una característica personal: *der Nichtraucher/die Nichtraucherin, der Nichtfachmann, der Nichttrinker, das Nichtwissen*
g) *Miss+sustantivo* posee en algunos casos antónimos positivos: *der Gebrauch/der Missbrauch, der Erfolg/der Misserfolg, die Gunst/die Missgunst, das Vertrauen/das Misstrauen*
h) Algunos prefijos (y prefijos préstamos) implican una valoración especificativa: die *Fehl*entscheidung, der *Fehl*schlag; der *Haupt*bahnhof, die *Haupt*sache; der *Haupt*angeklagte; der *Alt*bundespräsident, der *Alt*bundeskanzler, der *Vize*präsident, der *Vize*kanzler; der *Ex*ehemann/die *Ex*ehefrau, der/die *Sonder*beauftragte.

Los prefijos nativos se deben complementar con prefijos de origen latín o griego. Mediante estos prefijos, los sustantivos modifican su significado primigenio, y, a veces, adquieren un claro significado antónimo. Pertenecen a estos prefijos los siguientes morfemas léxicos:

A-/An-:	*A*phasie, *A*phonie, *A*synergie, *An*alphabet
Anti-:	*Anti*alkoholiker, *Anti*biotikum, *Anti*körper, *Anti*materie, *Anti*these
De-/Des-:	*De*formation, *De*flation, *De*gradierung, *De*kontamination, *De*tail (frz. détail), *Des*organisation, *Des*interesse
Dis-:	*Dis*harmonie, *Dis*junktion, *Dis*krepanz, *Dis*kussion (frz. discussion), *Dis*position
Ex-:	*Ex*freund, *Ex*ehefrau, *Ex*port
Il-/Im-/In-/Ir-:	*Il*legitimität, *Il*loyalität, *Im*moralität, *Im*pact (ingl.), *Im*port, *In*kompetenz, *In*konsequenz, *In*suffizienz, *In*toleranz, *In*valide (frz. invalide), *Ir*realität, *Ir*regularität

Inter-:	*Inter*aktion, *Inter*dependenz, *Inter*nationalisierung, *Inter*ferenz, *Inter*city (ingl.), *Inter*rail (ingl.),
Ko-/Kol-/Kom-/Kon-/Kor-:	*Ko*alition, *Ko*pilot, *Kol*lision, *Kom*bination, *Kom*mutation, *Kom*position, *Kon*tinent, *Kon*kurrenz, *Kon*stellation, *Kon*voi, *Kor*poration, *Kor*relation
Non-:	*Non*konformismus, *Non*sens (ingl. nonsense), *Non*stopflug (ingl. nonstop)
Post-:	*Post*position, *Post*ludium, *Post*trauma, *Post*skriptum
Prä-:	*Prä*diktion, *Präf*ix, *Prä*ludium, *Prä*position
Pro-:	*Pro*gramm, *Pro*gnose, *Pro*seminar
Re-:	*Re*klame, *Re*make (ingl.), *Re*naissance, *Re*nommee (frz.), *Re*organisation
Trans-:	*Trans*aktion, *Trans*formation, *Trans*kription, *Trans*plantation
Ultra-:	*Ultra*kurzwelle, *Ultra*schall.

2.5. Formación de sustantivos mediante confijos

A diferencia de los sufijos y prefijos que son morfemas o segmentos léxicos y realizan funciones morfo-semánticas, los confijos son unidades léxicas que en la lengua actual han ido perdiendo su autonomía léxica y siempre se combinan con otra unidad léxica a la que preceden como confijo inicial, o, en posición final, como confijo terminal. Debido a su afinidad funcional con los prefijos y sufijos también se les considera semisufijos o semiprefijos (también sufijoides o prefijoides), aun cuando representen estructuralmente una composición. De ordinario se suelen dividir en patrimoniales (*einheimische Konfixe*) y prestados (*Lehnkonfixe*). Con el tiempo han ido adquiriendo carácter y significado morfemático y se han tornado, con el uso en contextos fijos, en formas convencionales. Además poseen la particularidad de producir construcciones en serie. Este hecho es especialmente significativo porque marca una tendencia en la lengua alemana actual y simboliza la evolución y transformación de morfemas libres en auténticos morfemas ligados, en este caso concretamente en afijos derivativos.

2.5.1. Confijos alemanes

Sustantivos con autonomía léxica que actúan de confijos en posición final (pseudosufijos, sufijoides o semisufijos) para indicar una colectividad o colectivo:

-körper:	der Leucht*körper*, Spreng*körper*
-kraft:	die Atom*kraft*, Fach*kraft*
-mann:	der Fach*mann*, Feuerwehr*mann*, Kauf*mann*
-frau:	die Fach*frau*, Kauf*frau*
-leute:	die Fach*leute*, Kauf*leute*, Feuerwehr*leute*
-material:	das Bau*material*, Grund*material*
-mittel:	das Heil*mittel*, Wasch*mittel*, das/die Lebens*mittel*
-stoff:	der Kleb*stoff*, Kunst*stoff*, Werk*stoff*
-wesen:	das Bildungs*wesen*, Schul*wesen*
-werk:	das (Atom)kraft*werk*, (Wasser)kraft*werk*
-zeug:	das Fahr*zeug*, Flug*zeug*, Spiel*zeug*

Un grupo muy reducido de sustantivos actúa de confijos en posición inicial (o semiprefijos) para señalar relaciones familiares.

Stief-: der *Stief*vater, die *Stief*mutter, das *Stief*kind, der *Stief*sohn, die *Stief*tochter, die *Stief*familie

Schwieger-: die *Schwieger*eltern, der *Schwieger*vater, die *Schwieger*mutter, der *Schwieger*sohn, die *Schwieger*tochter

2.5.2. Confijos prestados

Los confijos de origen latín y griego son muy productivos especialmente en el lenguaje jurídico y legal, técnico, científico, industrial, comercial y publicitario. En relación con la formación de sustantivos, los confijos son susceptibles de establecer una combinación con otras unidades léxicas, o con otros confijos ocupando bien la posición inicial, o bien la posición final. En la lengua oral se observa la tendencia de combinar los confijos con unidades léxicas de muy diversos ámbitos semánticos que dan lugar a nuevas creaciones léxicas y ocasionalismos.

Los confijos en posición final determinan el género gramatical del nuevo término. Muchos confijos en posición inicial terminan en '–i' o '-o' (estas vocales son parte del confijo, o bien constituyen el elemento de juntura). Los confijos en posición inicial también pueden participar en el proceso de derivación mediante sufijos, y en la comunicación oral y escrita se convierten frecuentemente en formas reducidas que representan conceptos más complejos.

2.5.2.1. Confijos prestados en posición inicial

Los confijos de origen extranjero en posición inicial no abundan en combinación con términos alemanes: der *Bio*bauer, der *Bio*laden, das *Elektro*geschäft, das *Elektro*fahrzeug, der *Elektro*herd, der *Elektronen*beschleuniger, der *Hyper*markt, die *Hyper*empfindlichkeit, der *Maximal*wert, die *Mikro*welle, der *Mini*rock, der *Mini*bus, der *Öko*anbau, die *Öko*steuer, die *Servo*bremse, die *Sex*bombe, der *Super*markt, die *Top*adresse, etc.

Sin embargo, son muy numerosas las combinaciones de confijos en posición inicial con términos léxicos que son préstamos. Los siguientes ejemplos sólo constituyen una pequeña muestra de las múltiples posibilidades combinatorias: der *Aero*bus (*Air*bus), die *Aero*nautik, der *Afro*look, die *Agri*chemie, die *Agri*kultur, der *Agro*nom, der *Astro*loge, die *Astro*nomie, die *Audio*vision, die *Biblio*graphie, der *Bio*chemiker, der *Bio*rhythmus, die *Chemo*therapie, die *Dia*chronie, das *Elektro*kardiogramm (*EKG*), das *Epi*zentrum, die *Geo*metrie, die *Geo*physik, der *Holo*caust, die *Homono*mie, die *Homo*sexualität, die *Hydro*dynamik, das *Hydro*meter, die *Infra*struktur, die *Iso*bare, das *Makro*klima, die *Makro*struktur, der *Mega*hit, die *Meta*physik, der *Meta*bolismus, der *Mikro*kosmos, das *Mikro*klima, das *Mikro*phon, die *Mini*diskette, die *Mono*graphie, das *Multimedia*system, die *Multi*plikation, der *Multi*millionär, der *Neo*klassizismus, der *Neo*logismus, die *Öko*nomie, das *Öko*system, das *Pseudo*nym, der *Pseudo*realismus, die *Sema*siologie, das *Semi*finale, der *Sex*shop, die *Thermo*dynamik, die *Trans*formation, die *Trans*position, die *Trans*kription, der *Turbo*motor, der *Turbo*prop (=*Turbo*propeller), etc.

Algunos confijos en posición inicial establecen una combinación con otro confijo: das *Autodrom*, das *Autogramm*, das *Telegramm*, das *Milligramm*, die *Bibliothek*, *Mediathek*, *Phonothek*, *Telethek*, das *Audiphon*, das *Mikrophon* (= *Mikro*), das *Telephon* (*Telefon*), das *Megaphon*, das *Elektrophon*, der *Dialekt*, der *Astronaut*, das *Mikroskop*, das *Thermostat*, der *Trendsetter*, etc.

La formación de sustantivos 47

Algunos confijos en posición inicial realizan una modificación semántica mediante sufijos, por ejemplo: *Akku*mulator (=*Akku*), *Demo*nstration (=*Demo*), *Therm*ik, *Mini*atur, *Semi*nar, *Sext*ett, *Elektr*izität, *Elektr*ifizierung, *Transzend*enz, etc.

2.5.2.2. Los confijos prestados en posición final

A los confijos de origen extranjero en posición final les puede preceder un término léxico o confijo determinativo. Esta combinación a veces da lugar a la formación de neologismos y a ocasionalismos: der Demo*krat,* die Demo*kratie,* (der Korrupto*krat,* die Experto*kratie*) der Auto*mat* (Lava*mat*), der Aqua*naut,* der Kosmo*naut,* der Ciber*naut,* die Disko*thek,* die Hobby*thek,* die Spielo*thek,* die Video*thek,* der Best*seller* (der Mega*seller*), der Enter*tainer,* das Enter*tainment* (Edu*tainment*), der Alkoholiker (*a/o-holic*) (Work*aholic,* Online*aholic*).

2.6. Términos reducidos

Los términos reducidos, en lo que a la formación de sustantivos se refiere, constituyen una modalidad moderna de creaciones nuevas, siendo una realización morfemática muy específica de la era lingüística actual. La reducción es un procedimiento inverso a la ampliación, en cuanto que consiste en comprimir sistemáticamente el significado léxico tanto de grupos nominales complejos como de lexemas simples o compuestos, manteniendo sólo parte de su estructura. En este proceso de reducción participan también grupos nominales usuales en lengua inglesa. Los términos reducidos son producto del principio de economía lingüística y representan un recurso muy habitual en la práctica total de los diferentes ámbitos comunicativos.

A nivel formal se trata de la combinación de determinados segmentos de grupos nominales o lexemas más complejos que representan morfológicamente 'lexemas reducidos'. Atendiendo a los tipos combinatorios de los segmentos y a su pronunciabilidad predominan las formas que mantienen el segmento inicial del grupo nominal o del lexema que representan. A este segmento inicial siguen otros segmentos que, a veces, reflejan una estructura silábica. De la combinación de los segmentos seleccionados pueden surgir, a nivel formal, diferentes tipos de términos reducidos cuyo género gramatical corresponde al género gramatical del grupo nominal o del lexema (complejo) que representan. La enorme productividad recurrente de los términos reducidos, para los que formalmente no existen normas establecidas, dificulta su agrupación tipológica. No obstante, se perfilan algunas características formales:

a) Predominan los términos reducidos formados por las letras iniciales de los componentes del grupo nominal o lexema (complejo) original. A nivel fonético se pronuncian las letras iniciales de un modo consecutivo, por ejemplo: EU (Europäische Union), BRD (Bundesrepublik Deutschland), NRW (Nordrhein-Westfalen), AOK (Allgemeine Ortskrankenkasse), ADAC (Allgemeiner deutscher Automobil-Club), AG (Aktiengesellschaft), GmbH (Gesellschaft mit beschränkter Haftung), BKA (Bundeskriminalamt), BLZ (Bankleitzahl), BWL (Betriebswirtschaftslehre), DAX Deutscher Aktienindex), DLRG (Deutsche Lebensrettungsgesellschaft), DRK (Deutsches Rotes Kreuz), DaF (Deutsch als Fremdsprache), EDV (elektronische Datenverarbeitung), FAZ (Frankfurter Allgemeine Zeitung), Kfz (Kraftfahrzeug), PKW (Personenkraftwagen), LKW (Lastkraftwagen), PLZ (Postleitzahl), WM (Weltmeisterschaft), EKG (Elektrokardiogramm), Tbc (Tuberculose), HIV (human immunodeficiency virus), ICE (Intercityexpress), PC (personal computer), WC (water closet), etc.

b) Los términos reducidos que representan una estructura silábica son susceptibles de pronunciarse como una palabra, por ejemplo: Akku (Akkumulator), Azubi (Auszubildender), BaföG (Bundesausbildungsförderungsgesetz), Kita (Kindertagesstätte), Krimi (Kriminalroman/Kriminalfilm), Kripo (Kriminalpolizei), Schiri (Schiedsrichter), Fuzo (Fußgängerzone), PIN (persönliche Identifikationsnummer), TÜV (Technischer Überwachungsverein), UFO (unbekanntes Flugobjekt), Gestapo (Geheime Staatspolizei), Stasi (Staatssicherheitsdienst), Yuppi (young urban professional), Zivi (Zivildienstleistender), Aids (aquired immune deficiency syndrom), etc. En esta relación se observan numerosos términos reducidos de uso internacional procedentes del inglés como PISA (*P*rogram for *I*nternational *S*tudent *A*ssessment), o ERASMUS (*Eu*ropean *C*ommunity *A*ction *S*cheme for the *M*obility of *U*niversity *S*tudents) que establecen una asociación homónima intencional.

c) Un término reducido parcial se forma de la combinación de una letra o sílaba inicial y un lexema no reducido, o reducido: T-Punkt (Telekommunikationspunkt), H-Milch (haltbare Milch), O-Saft (Orangensaft), V-Mann (Vertrauensmann), Schokobonbon (Schokoladenbonbon), Telekom (Telekommunikation), Intercom (internationale Kommunikation), etc.

La formación de sustantivos

d) Un término reducido parcial también puede presentar el morfema inicial o el morfema final del lexema original: Bus (Omnibus), Demo (Demonstration), Dia (Diapositiv), Disko (Diskothek), Doku (Dokument), Info (Information), Kat (Katalysator), Prof (Professor), Ober (Oberkellner), Kuli (Kugelschreiber), Pulli (Pullover), Uni (Universität), Profi (Professioneller), Cello (Violoncello), Rad (Fahrrad), Schirm (Regenschirm), etc.

Dadas las grandes posibilidades combinatorias, los términos reducidos realizan una función muy importante en la lengua actual, pues constituyen una fuente inagotable de creaciones neológicas, a fin de satisfacer las necesidades denominativas actuales.

3. La formación de adjetivos

Las características específicas de los adjetivos requieren algunas consideraciones previas:

La formación de adjetivos está condicionada por un hecho fundamental: la lengua alemana dispone de relativamente pocos adjetivos primarios. Estos poseen, en muchos casos, un claro antónimo: groß/klein, dick/dünn, hoch/tief, lang/kurz, klug/dumm. Los adjetivos primarios existentes, o las unidades léxicas que puedan surgir de las composiciones o derivaciones de lexemas pertenecientes a la clase de adjetivos no pueden satisfacer las necesidades de denominación adjetiva. Para ampliar las unidades léxicas adjetivas se ha de recurrir a la conversión de lexemas de otras clases de palabras en adjetivos, especialmente a la transposición de sustantivos y de verbos en adjetivos denominativos y deverbales. En este proceso de derivación actúa una serie de morfemas léxicos que señala la modificación semántica de la nueva unidad léxica. Estos nuevos adjetivos derivados por su parte son susceptibles de actuar como último componente de una composición y de establecer nuevas relaciones semánticas con otros lexemas como primer componente.

Ejemplos de modificación semántica de adjetivos denominativos mediante sufijos y confijos (sufijoides o semi-sufijos): *eisern, hölzern, ledern, wollen; bergig, freudig, goldig, schmutzig; englisch, rheinisch, himmlisch, ironisch; ängstlich, augenblicklich, stündlich, mütterlich; ernsthaft, flegelhaft, meisterhaft; krampfartig; reisefähig; kreisförmig; fettarm; fettfrei; fetthaltig; fettreich.*

Ejemplos de modificación semántica de adjetivos deverbales mediante sufijos: *denkbar, erklärbar, ersetzbar, heilbar, sichtbar, vorstellbar; bedrohlich, beweglich, erklärlich, käuflich, lächerlich, verderblich; findig, gläubig; duldsam, wirksam; malerisch, regnerisch; lehrhaft.*

Ejemplos de modificación semántica de adjetivos derivados de adverbios mediante sufijos: *einmalig, baldig-, dortig-, hiesig-, heutig-.*

El adjetivo es la única clase de palabras que posee formas gramaticales de grado (comparativo, superlativo/elativo) que pertenecen al ámbito morfológico. Para expresar gradaciones se dispone, además, de medios léxicos. Esta modificación semántica se realiza mediante prefijos o confijos en posición inicial: *erzdumm, uralt, hypermodern, superschnell, grundgescheit, übergroß, ultramodern, toppfit, widernatürlich;* así como mediante el proceso de composición determinativa – ya sea a través de la *Zusammensetzung* o *Zusammenbildung*: *krebsrot, butterweich, nagelneu, funkelnagelneu, kohlpechrabenschwarz, kugelförmig, stichhaltig, langbeinig, langnasig, leichtfüßig, engstirnig, dreiköpfig.*

Para la negación y para la formación de antónimos se dispone fundamentalmente del prefijo *un-*: *undicht, unfrei, unsicher, untreu; undenkbar, unersetzbar, unheilbar; unbeweglich, unerklärlich; ungläubig*; y en préstamos aparecen prefijos como *in-, a-*, etc.: *inakzeptabel, indiskret, indirekt, anormal*. En el lenguaje técnico y para expresar la no-pertenencia a algo se observa la tendencia a utilizar la negación *nicht-*: *nichtrostend, nichttrocknend, nichtverbal, nichtlexikalisiert; nichtmetallisch, nichtchristlich, nichtamerikanisch.*

En un sentido más estricto, no pertenece a la formación de adjetivos la opción nominal inherente a todos los verbos que se manifiesta en la conversión de los participios en adjetivos. Sin embargo, en los adjetivos de este tipo se percibe claramente la incorporación de relaciones semánticas procedentes del lexema verbal, por lo que esta conversión contribuye enormemente a la formación de adjetivos nuevos. El participio de presente (participio I) tiene en la lengua actual solamente funciones atributivas, bien como atributo predicativo, por ejemplo: *er begrüßte sie lächelnd, sie antwortete zögernd*, bien como predicativo con verbos copulativos, por ejemplo: *ihre Kleidung ist auffallend, das Resultat ist ausreichend*; y, teniendo en cuenta que todos los verbos en participio presente se declinan como adjetivos, realizan, junto con un sustantivo, la función de atributo, por ejemplo: *der fahrende Zug, der störende Lärm, das fließende Wasser, das sich nähernde Auto, ein zeitraubendes Hobby.*

También los participios de perfecto (participio II) se declinan como adjetivos y pueden adquirir, junto con un sustantivo, funciones atributivas. Como los participios de perfecto son parte de formas verbales perifrásticas, de entre ellos sólo los verbos transformativos pueden realizar la función atributiva. Esta restricción implica tener en cuenta la acción combinada entre la categoría semántica de la perfectividad verbal y las categorías sintácticas de transitividad/intransitividad.

Los siguientes grupos verbales pueden formar participios de perfecto atributivos:

a) Todos los verbos transitivos susceptibles de formar una construcción pasiva. El participio de perfecto atributivo de verbos transitivos otorga al grupo nominal un significado pasivo: *das geschenkte Buch, der geschriebene Brief, die gekauften Waren, die gelesene Zeitung*. La transformación sintáctica de estos participios de perfecto atributivos demuestra una construcción pasiva: *das Buch ist geschenkt worden, der Brief ist geschrieben worden, die Waren sind verkauft worden, die Zeitung ist gelesen worden*.

b) Los verbos intransitivos con modo de acción perfectivo. Son verbos cuya semántica indica el comienzo o el final de una acción o de un proceso, un cambio de estado, o un estado nuevo, se caracterizan formalmente por una partícula prefijada, y forman el tiempo de perfecto con el verbo auxiliar *'sein'*. El participio de perfecto atributivo de estos verbos expresa acciones y procesos concluidos y otorga al grupo nominal un significado activo: *die verblasste Erinnerung, die verblühten Blumen, das eingeschlafene Kind, der entlaufene Hund*. La transformación sintáctica de estos participios de perfecto atributivos demuestra una construcción activa en tiempo de perfecto: *die Erinnerung ist verblasst, die Blumen sind verblüht, das Kind ist eingeschlafen, der Hund ist entlaufen*.

c) Los participios de perfecto de verbos intransitivos con modo de acción imperfectivo, cuya semántica indica un cambio de lugar, por ejemplo: *gehen, laufen, fahren, fliegen, rennen, eilen*, también pueden adquirir carácter atributivo, si el grupo nominal se amplía con un complemento adverbial que indique una meta o una limitación temporal, por lo que el verbo imperfectivo se transforma, a través del contexto, en un verbo con modo de acción perfectivo: *die schon nach Hause gegangenen Freunde, der drei Stunden gelaufene Sportler, das über den Rasen gelaufene Kind, der nach München gefahrene Zug, das über Madrid geflogene Flugzeug, der über die Kreuzung gerannte Fußgänger, die an den Unfallort geeilte Polizei*.

d) El participio de perfecto de verbos reflexivos con pronombre reflexivo en acusativo solamente puede adquirir carácter atributivo, si el verbo es susceptible de indicar un nuevo estado. En el grupo nominal no aparece el pronombre reflexivo: *der betrunkene Mann, die empörten Zuschauer*. La transformación sintáctica de estos participios de perfecto atributivos se realiza a partir de la construcción reflexiva: *der Mann hat sich betrunken* – el estado resultante es: *der Mann ist betrunken*; *die Zuschauer empören sich* – el estado resultante es: *die Zuschauer sind empört*.

En su función atributiva los participios pueden actuar como último componente léxico de una composición y establecer con el primer componente nuevas relaciones léxicas: *kopfschüttelnde Zuhörer, umweltschonende Produkte; zornbeflügelte Worte, eisgekühlte Getränke, luftgekühlte Flaschen, weichgekochtes Ei.*

Así mismo los participios de presente o de perfecto, al igual que la categoría adjetivo, admiten en el acto de composición la formación del grado superlativo según las consabidas reglas compositivas: *das meistgesehene Fernsehprogramm, die meistbesuchte Documenta-Ausstellung, das dichtestbesiedelte Dorf der Provinz*, etc.

3.1. Composición de adjetivos

Los factores expuestos anteriormente y los condicionantes para la formación de adjetivos ponen de manifiesto que en composiciones polilexicales pueden actuar como último componente léxico adjetivos primarios, adjetivos derivados y participios. El primer componente léxico puede establecer con el último una relación determinativa o copulativa. Los lexemas que forman el primer componente léxico de un adjetivo compuesto son adjetivos, sustantivos y verbos y, en menor medida, también adverbios, preposiciones y numerales.

En el tipo de composición adjetivo + adjetivo/participio (I o II), el adjetivo determinativo puede indicar una gradación aumentativa, atenuante o absoluta: *hell*blau, *dunkel*rot, *alt*klug, *bitter*böse, *bitter*kalt, *wild*fremd, *hoch*betagt, *hoch*berühmt, *zart*bitter etc. (En este tipo de composición hay que tener en cuenta algunas normas de ortografía: los adjetivos derivados en *-ig, -isch, -lich*, no se convierten en primeros componentes léxicos de una composición, sino que se separan del adjetivo, por ejemplo: *riesig groß, gelblich weiß, mikroskopisch klein*, lo mismo sucede con adjetivos que en combinación con otro adjetivo/participio son susceptibles de una ampliación o gradación, por ejemplo: *(sehr) dicht bevölkert, (sehr) ernst gemeint, hoch (höher) qualifiziert.*

En el tipo de composición sustantivo + adjetivo/participio (I o II) el componente determinativo puede establecer diferentes relaciones semánticas con el último componente léxico, especialmente relaciones de comparación, caracterizantes y circunstanciales. El primer componente, el determinativo, puede presentar un elemento flectivo de juntura (en analogía con los sustantivos compuestos): *aufmerksamkeits*ökonomisch, *bären*stark, *frosch*fröhlich, *gras*grün, *himmel*blau, *hunde*müde, *kohl*schwarz, *menschen*scheu, *ruhe*bedürftig, *samt*weich, *blut*jung, *see*krank, *stadt*bekannt, *stahl*hart, *ton*angebend, *wetter*fest, *zentimeter*dick; *gold*glänzend, *freude*strahlend, *welt*umspannend, *eis*gekühlt, *schweiß*überströmt; *erholungs*bedürftig, *gesundheits*schädigend, *hoffnungs*froh, *lebens*fern, *wahrheits*getreu, etc. Como resultado, la semasia del compuesto se intensifica (*sekunden*schnell, *stock*dunkel, *stein*reich, *tiefsee*blau) o se devalúa mediante el componente comparativo específico (*alters*schwach, *besen*dürr, *butter*weich, *feder*leicht, *baby*leicht, *grund*falsch). Se trata del tipo de composición de adjetivos más frecuente.

En el tipo de composición verbo + adjetivo/participio (I o II), el componente determinativo, formalmente representado por la raíz verbal, especifica la característica indicada por el último componente léxico: *denk*faul, *druck*reif, *fahr*tüchtig, *kauf*freudig, *knitter*fest, *lern*eifrig, *röst*frisch, *schreib*faul, *tropf*nass, etc.

Al igual que en los casos anteriores, también en el tipo de composición adverbio + adjetivo/participio (I o II), la palabra determinativa es la que especifica los diversos contenidos semánticos en relación con el componente fundamental: *gut*meinend, *gut*tuend, *wohl*riechend, *wohl*schmeckend. El recurso de la paráfrasis permite, en estos casos, verbalizar los elementos semánticos discretos resaltando la estrecha relación lógico-semántica existente entre los mismos: *jemand meint es gut, etwas tut gut, etwas schmeckt wohl/gut, etwas riecht wohl/gut.*

La composición preposición + adjetivo/participio (I o II) también da lugar a algunos compuestos del tipo *über*groß, *über*empfindlich, *unter*bezahlt, *unter*ernährt, etc.

Por último, en la composición numeral + adjetivo/participio (I o II), se aprecia la reiterada aplicación monódica, casi ilimitada, de los numerales para la formación de nuevos compuestos: *zwei*fach, *drei*fach, *vier*fach, *fünf*fach, etc.

Algunos adjetivos actúan como último componente léxico de una composición y establecen series análogas tanto con sustantivos como con verbos. En algunas de estas composiciones el primer componente denominativo presenta un elemento de juntura. Estos adjetivos tienden a convertirse en confijos (o semi-sufijos), por ejemplo:

-*arm:* fett*arm*, salz*arm*, sauerstoff*arm*, kalorien*arm*
-*fähig:* leistungs*fähig*, strapazier*fähig*, begeisterungs*fähig*, konkurrenz*fähig*, lern*fähig*
-*fertig:* koch*fertig*, schrank*fertig*, tisch*fertig*, trink*fertig*
-*frei:* bügel*frei*, eis*frei*, keim*frei*, steuer*frei*

-*gemäß:* (~ -*gerecht*): auftrags*gemäß*, frist*gemäß*, programm*gemäß*, sach*gemäß*
-*leer:* blut*leer*, luft*leer*, menschen*leer*
-*leicht:* kinder*leicht*, pflege*leicht*, trage*leicht*
-*los:* anstands*los*, hilf*los*, freud*los*, kinder*los*, rücksichts*los*
-*mäßig:* (~ -*gerecht*): berufs*mäßig*, zweck*mäßig*, fahrplan*mäßig*, vorschrifts*mäßig*
-*reich:* abwechslungs*reich*, kurven*reich*, vitamin*reich*, wald*reich*, verkehrs*reich*
-*voll:* ahnungs*voll*, humor*voll*, sehnsuchts*voll*, widerspruchs*voll*
-*wert:* beneidens*wert*, bewunderns*wert*, liebens*wert*, preis*wert*, wünschens*wert*
-*widrig:* gesetzes*widrig*, verfassungs*widrig*.

Algunos adjetivos también pueden establecer una combinación aditiva de dos características y formar una relación copulativa entre el primer componente léxico y el último. Muchas de estas composiciones copulativas no admiten la inversión de sus componentes siendo obligatorio en la mayoría de las combinaciones el orden establecido:

Los números cardinales son el ejemplo más significativo de esta obligatoriedad lo que demuestra que las composiciones copulativas tienden a convertirse en composiciones determinativas: *dreizehn, vierzehn, fünfzehn, vierundsechzig, dreihundertfünfundzwanzig, viertausendneunhundertzweiundfünfzig,* etc. Las unidades son los componentes determinativos y preceden a los números que indican: decena, centena, etc. que establecen el último componente léxico.

La obligatoriedad del orden establecido también se pone de manifiesto en combinaciones idiomatizadas, esto es, en construcciones exocéntricas: *dreistnaiv, dummdreist, nasskalt, feuchtwarm, rot-grün* (Koalition), *süßsauer, taubstumm, wildfremd*;
• en construcciones tales como *nasskalt, feuchtkalt, süßsauer;*
• también en combinaciones de colores: *blauweiß, graugrün, rotbraun, schwarzweiß, schwarzrotgold, zartgelb.* Especialmente el campo semántico relativo a los colores permite una amplia variedad de nuevas formaciones cromáticas, donde la recursividad y la creatividad lingüística estrechan sus lazos: *blau-weiß-orange-gemustert.*
• y en nombres geográficos: *nordrheinwestfälisch, rheinlandpfälzisch, badenwürttembergisch, saarhessisch.* La combinación de adjetivos relativos a nom-

bres de países es susceptible a la inversión: *deutschspanische / spanischdeutsche, deutschfranzösische / französisch-deutsche Beziehungen*, etc.

En lo que a los neologismos adjetivales se refiere, éstos se expanden cada vez más en el lenguaje publicitario cumpliendo funciones inexorables de orden constitutivo e informativo (combinatoria sintáctico-semántica) dentro del discurso. Neologismos como *aprilfrisch* (adjetivo acaecido en una campaña anunciante de detergentes) aportan no sólo sonoridad al eslogan, sino también transmiten un mensaje subliminal que evoca asociaciones positivas (frescor de primavera, verdor, flores que despiden olores agradables, etc.).[10]

3.2. Derivación de adjetivos

Los factores condicionantes para la formación de adjetivos derivados ponen de manifiesto que la transposición mediante sufijos por una parte, y la conversión flectiva de participios por otra, constituyen la base principal para la formación de nuevos adjetivos. Los sufijos realizan la transposición de contenidos previamente lexicalizados por otras clases de palabras, especialmente por sustantivos y verbos, y señalan algunas distinciones semánticas específicas. Los prefijos modifican el significado del adjetivo, el prefijo *un-* señala una negación, y los prefijos *erz-* y *ur-* implican una gradación: *erzdumm, uralt*.

Características semánticas y las funciones de los morfemas léxicos más frecuentes que intervienen en la formación de adjetivos:

El prefijo de negación *un-*:

Todos los adjetivos primarios y derivados, con funciones atributivas o predicativas admiten la negación mediante la partícula *nicht*. Por el contrario, la utilización del prefijo de negación *un-* está sometida a muchas restricciones, por ejemplo, no se admite ante adjetivos que indican colores.

a) El prefijo *un-* se puede combinar con adjetivos primarios que carecen de un antónimo léxico explícito: *undicht, ungerade, ungleich, unklar, unrein, unsicher, un-*

---

[10] En Schlüter (2007), *Die Sprache der Werbung*, Saarbrücken: VDM Verlag, pueden encontrarse algunos ejemplos más como *streicheljung, kussfrisch*, etc.

treu. No sería posible, por eso: groß/klein: **ungroß/unklein; dick/dünn: *undick/undünn; arm/reich: *unarm/unreich; schnell/langsam: *unschnell/unlangsam*.

b) En combinación con algunos adjetivos que poseen antónimo, el prefijo *un-* acentúa la característica antinómica, lo que puede implicar una matización valorativa o funcional: fern/nah-*un*fern, gesund/krank-*un*gesund, richtig/falsch-*un*richtig, schön/hässlich-*un*schön, gut/schlecht-*un*gut, frei/abhängig-*un*frei/*un*abhängig, christlich/nichtchristlich-*un*christlich.

c) Es frecuente la combinación del prefijo *un-* con adjetivos derivados mediante sufijos y con participios cuando estos adjetivos poseen un significado positivo, o para indicar una desviación de lo normal: achtsam/*un*achtsam, anständig/*un*anständig, besorgt/*un*besorgt, begründet/*un*begründet, beweglich/*un*beweglich, bezahlbar/ *un*bezahlbar, fähig/*un*fähig, folgsam/*un*folgsam, gerecht/*un*gerecht, gewöhnlich/*un*gewöhnlich, möglich/ *un*möglich, ordentlich/*un*ordentlich, schuldig/*un*schuldig, etc.

d) Los demás prefijos de negación son préstamos: *in-* (con las variantes morfológicas *im- il- ir-*), *a-, dis-, des-* y *non-*: *inkompetent, immobil, illegal, irreal; apolitisch, diskontinuierlich, destruktiv, nonverbal, indiskutabel, inkompetent, instabil, disqualifiziert*.

El sufijo *-bar*

Este sufijo realiza el proceso de transposición de verbos en adjetivos otorgándoles un claro significado pasivo-modal. Son susceptibles de formar adjetivos con el sufijo *-bar* los verbos transitivos (especialmente los préstamos) que indican una acción o un proceso. Los adjetivos con el sufijo *-bar* constituyen una alternativa isosemántica a construcciones sintácticas pasivas con un verbo modal que indica la posibilidad o imposibilidad de que una acción o un proceso se realice, y admiten la combinación con el prefijo *un-*, por ejemplo: eine Krankheit kann (nicht) geheilt werden: eine *(un)heilbare* Krankheit; die Anforderungen können (nicht) ertragen werden: *(un)ertragbare* Anforderungen; die Verspätung kann (nicht) erklärt werden: die *(un)erklärbare* Verspätung; das Verb kann (nicht) getrennt werden: ein *(un)trennbares* Verb; etwas kann benutzt, bestellt, gemessen, vermieden, reproduziert, manipuliert, montiert, transportiert werden: etwas ist *benutzbar, bestellbar, messbar, vermeidbar, reproduzierbar, manipulierbar, montierbar, transportierbar*. Sólo algunos adjetivos con sufijo *-bar* son derivaciones de verbos intransitivos o presentan un significado activo: auf die Forderung kann (nicht) verzichtet werden: eine *(un)verzichtbare* Forderung; die Flüssigkeit kann brennen: eine *brennbare* Flüssigkeit.

El sufijo *-lich*
Este sufijo participa tanto en el proceso de transposición de sustantivos y verbos en adjetivos como en la modificación de adjetivos primarios.

a) La modificación semántica de adjetivos primarios se manifiesta principalmente en la matización de adjetivos de colores (casi siempre con una variante morfemática, esto es, con modificación vocálica): rot/*rötlich*, blau/*bläulich*, gelb/*gelblich*. Sin embargo es inapreciable en los pocos adjetivos primarios susceptibles de formar una variante con *-lich*: froh/*fröhlich*, krank/*kränklich*, reich/*reichlich*.

b) A través de la transposición de sustantivos en adjetivos, el sufijo *-lich* señala una característica - especialmente atribuible a personas y a las relaciones de parentesco - inherente al significado del sustantivo básico y puede establecer coordinaciones atributivas (y predicativas) basadas en muy diferentes relaciones sintácticas: Mensch/*menschlich* (der Mensch macht Fehler: *menschliche* Fehler/Fehler sind *menschlich*); Mutter/*mütterlich*, Vater/*väterlich* (die Mutter/der Vater sorgt für die Familie: *mütterliche/väterliche* Fürsorge); Kind/*kindlich* (jemand hat Gesichtszüge wie ein Kind: *kindliche* Gesichtszüge); Bruder/*brüderlich* (die Brüder arbeiten gut zusammen: eine *brüderliche* Zusammenarbeit); Freundschaft/*freundschaftlich* (zwischen den beiden besteht eine gute Freundschaft: sie haben ein *freundschaftliches* Verhältnis); Feind/*feindlich* (der Feind hatte die Übermacht: *feindliche* Übermacht); Nachbar/*nachbarlich* (die Nachbarn sprechen miteinander: ein *nachbarliches* Gespräch); Bürger/*bürgerlich* (die Bürger haben Rechte und Pflichten: *bürgerliche* Rechte und Pflichten); Gesellschaft/*gesellschaftlich* (die Entwicklung der Gesellschaft: die *gesellschaftliche* Entwicklung); Arzt/*ärztlich* (der Arzt behandelt den Patienten: der Patient ist in *ärztlicher* Behandlung); Polizei/*polizeilich* (eine Anordnung der Polizei: eine *polizeiliche* Anordnung); Brief/*brieflich* (eine Mitteilung durch Brief erhalten: eine *briefliche* Mitteilung); Angst/*ängstlich* (das Kind zittert vor Angst: *ängstliches* Zittern); Geschichte/*geschichtlich* (der Zusammenhang der Geschichte: der *geschichtliche* Zusammenhang); Glück/*glücklich* (ein Gewinner, der Glück gehabt hat: ein *glücklicher* Gewinner); Tatsache/*tatsächlich* (etwas entspricht den Tatsachen: etwas ist *tatsächlich* so); Schule/*schulisch* (er hat ein Problem in der Schule: ein *schulisches* Problem); Ordnung/*ordentlich* (er liebt die Ordnung: er ist sehr *ordentlich*), etc.

c) Señalando relaciones temporales, el sufijo -*lich* indica una repetición, por ejemplo: jeden Abend/*abendlich*, jede Nacht/*nächtlich*, jede Stunde/*stündlich*, jeden Tag/*täglich*, jede Woche/*wöchentlich*, jedes Jahr/*jährlich*, alle zwei/drei/vier Stunden/*zweistündlich, dreistündlich, vierstündlich*, etc.

El sufijo –*lich* señala también relaciones direccionales: Seite/*seitlich*, Norden/*nördlich*, Süden/*südlich*, Osten/*östlich*, Westen/*westlich*.

d) La transposición de verbos en adjetivos mediante el sufijo -*lich* proporciona a los adjetivos un significado pasivo-modal, y realiza funciones idénticas a las indicadas en relación con el sufijo -*bar*, y en algunos adjetivos pueden concurrir ambos sufijos: erklär*lich*/erklär*bar*, zerbrech*lich*/zerbrech*bar*, beweg*lich*/beweg*bar*, (un)ersetz*lich*/ (un)ersetz*bar*. Sin embargo, el claro significado pasivo-modal justifica el predominio del sufijo -*bar* en detrimento de -*lich*, que en esta función no es productivo y suele aparecer en adjetivos derivados de verbos prefijados o, por motivos fonéticos. (A pesar de que ambos sufijos manifiestan un claro componente pasivo-modal, se puede apreciar una ligera diferencia semántica en los adjetivos susceptibles de ser derivados tanto con -*lich* como con -*bar*, por ejemplo: ein Spiegel ist *zerbrechlich*, en cuanto que, debido a las características del material del que está hecho, puede romperse; ein Spiegel ist *zerbrechbar* implica la posibilidad de que se puede romper al caer. Ein Lebewesen/Gegenstand ist *beweglich*, por su característica de poderse mover por sí solo, ein Gegenstand ist *bewegbar*, implica que ese objeto puede ser movido o desplazado de su lugar. Eine Sache ist *erklärlich*, implica que un asunto tiene la característica de explicarse por la lógica o evidencia - eine Sache ist *erklärbar*, implica que un asunto puede tener una explicación.)

El sufijo -*ig*

Este sufijo es muy frecuente y recurrente en la formación de adjetivos. Su gran capacidad de combinación y coordinación le permite participar en diferentes procesos de derivación.

a) El sufijo -*ig* actúa principalmente en el proceso de transposición de sustantivos en adjetivos. Estos adjetivos señalan una característica específica del sustantivo (simple o compuesto), o de los grupos sintácticos que constituyen la base de la derivación, o establecen relaciones de comparación o semejanza: Berg/*bergig* (eine Landschaft mit Bergen: eine *bergige* Landschaft); Sand/*sandig* (ein Strand mit Sand: ein *sandiger* Strand); Bart/*bärtig* (ein Mann mit Bart: ein *bärtiger* Mann); Eis/*eisig* (so kalt wie Eis: *eisig* kalt); Seide/*seidig* (etwas glänzt wie Seide: *seidiger* Glanz); Farbe/*farbig* (ein Bild hat verschiedene Farben: ein *farbiges* Bild); Blut/*blutig* (jemand hat Blut an seinen Händen: er hat *blutige* Hände); Band/-*bändig* (das Werk besteht aus drei Bänden: ein *dreibändiges* Werk); Auge/-*äugig* (sie hat dunkle Augen: sie ist *dunkeläugig*); ein feines Gefühl haben: *feinfühlig* sein; ein Flugzeug mit zwei Motoren: ein *zweimotoriges* Flugzeug; zur rechten Zeit kommen: *rechtzeitig* kommen; zu einem frühen Zeitpunkt kommen: *zeitig* kommen; gegen (wider) das Gesetz handeln: *gesetzeswidrig* handeln; keine Luft durchlassen: *luftundurchlässig* sein; die Unterschrift mit der eigenen Hand: die *eigenhändige* Unterschrift.

b) Señalando relaciones temporales, el sufijo -*ig* señala el tiempo en su duración y siempre aparece en combinación con números cardinales: der Unterricht dauert eine, zwei, drei Stunde(n): *einstündiger, zweistündiger, dreistündiger* Unterricht; eine Reise dauert zwei, drei, vier Tage/Wochen: eine *zweitägige/zweiwöchige, dreitägige/dreiwöchige, viertägige/vierwöchige* Reise; der Kurs dauert sechs Monate: ein *sechsmonatiger* Kurs; ein Studium dauert vier Jahre: ein *vierjähriges* Studium; ein Kind ist ein, zwei, drei Jahr(e) alt: ein *einjähriges, zweijähriges, dreijähriges* Kind, etc.

c) El sufijo -*ig* es el único susceptible de realizar la transposición de adverbios locales y temporales en adjetivos que realizan funciones atributivas e incorporan relaciones semánticas adverbiales al grupo nominal: Sie kommt heute an: ihre *heutige* Ankunft; er reist morgen ab: seine *morgige* Abreise; sie hat gestern über das Thema referiert: ihr *gestriges* Referat; die Verhältnisse hier: die *hiesigen* Verhältnisse; die Lage dort: die *dortige* Lage; seine Kollegen von früher: seine *ehemaligen*/ *einstigen* Kollegen. En relación a los apartados a) y b) merece especial atención la *Zusammenbildung*, un hecho léxico tan característico del alemán que afecta sobremanera a la categoría adjetival y que muy a menudo pasa desapercibido tanto a hablantes nativos como no nativos. Se trata de un tipo de composición parasintética que se sale del tipo canónico en cuanto que la creación de ítems léxicos no sólo es fruto de la combinación de palabras, sino también de la adición de sufijos. La construcción polilexical se obtiene de dos procesos que interactúan simultáneamente y el sufijo realiza primordialmente la función de nexo de unión. Estas construcciones complejas parecen falazmente compuestas porque el segundo elemento integrante no puede funcionar como palabra independiente fuera de la composición, es decir, que la palabra no es un elemento identificable como tema. Numerosísimos ejemplos así lo demuestran: *erst*klassig, *gut*herzig, *kalt*blütig, *mandel*förmig, *hoch*näsig, *lang*nasig, *fünf*stöckig, *zwei*sitzig, *zwei*rangig, *vier*seitig, *zwei*wöchig.

El sufijo *-isch*

Este sufijo realiza la transposición de sustantivos en adjetivos que indican características atribuidas al ámbito de significado del sustantivo base con el que establecen la relación pertinente.

a) Los adjetivos con sufijo *-isch* señalan características consideradas típicas, bien de continentes, de países, de regiones, o bien de sus habitantes (se puede observar que la transposición se suele basar en el nombre de los habitantes enfatizando su procedencia): Europa/Europäer/*europäisch*, Amerika/Amerikaner/*amerikanisch*, Asien/Asiat/*asiatisch*, Afrika/Afrikaner/*afrikanisch*, Australien/Australier/*australisch*, Spanien/Spanier/*spanisch*, England/Engländer/*englisch*, Griechenland/Grieche/*griechisch*, Portugal/Portugiese/*portugiesisch*, Frankreich/Franzose/*französisch*, Italien/Italiener/*italienisch*, Österreich/Österreicher/*österreichisch*, Schweiz/Schweizer/*schweizerisch*, Russland/Russe/*russisch*; Rheinland/Rheinländer/*rheinländisch*, Westfalen/Westfale/*westfälisch*, Hessen/Hesse/*hessisch*, Bayern/Bayer/*bayrisch*, Schwaben/Schwabe/*schwäbisch*, Sachsen/Sachse/*sächsisch*, Thüringen/Thüringer/*thüringisch*, etc.

En esta relación se puede mencionar también: Kosmos/*kosmisch*, Erde/*irdisch*, Himmel/*himmlisch*, Hölle/*höllisch*, Stadt/*städtisch*.

b) Mediante los adjetivos con sufijo *-isch* también se pueden reflejar, en función del significado del sustantivo base, muy diversas características personales y conceptuales (como una comparación, por ejemplo): Kaufmann/*kaufmännisch*, Fachmann/*fachmännisch*, frecuentemente con un claro matiz negativo y despectivo: Weib/*weibisch*, Kind/*kindisch*, Bauer/*bäu(e)risch*, Laune/*launisch*, Dieb/*diebisch*, Vieh/*viehisch*, Tölpel/*tölpisch*, Angeber/*angeberisch*, Betrüger/*betrügerisch*, Verbrecher/*verbrecherisch*, Gauner/*gaunerisch*, Verführer/*verführerisch*, Mörder/*mörderisch*, Teufel/*teuflisch*, Seele/*seelisch*, Abgott/*abgöttisch* (pero: Gott/ *göttlich*).

c) Muchos préstamos de otras lenguas son susceptibles de la transposición en adjetivos mediante el sufijo -*isch* señalando las características del ámbito de significado del sustanivo base: Philologie/*philologisch*, Philosophie/*philosophisch*, Biologie/*biologisch*, Chemie/*chemisch*, Optimist/*optimistisch*, Musik/*musikalisch*, Kommunist/*kommunistisch*, Physik/*physisch*, Mathematik/*mathematisch*, Astronomie/*astronomisch*, Rhythmus/*rhythmisch*, Faktum/*faktisch*, Mikroskop/*mikroskopisch*, etc. En este ámbito, el sufijo –*isch* se muestra especialmente productivo.

d) La variante reducida -*sch* sólo aparece en muy pocos adjetivos lexicalizados como *deutsch* y *hübsch*, y en la transposición de nombres propios alemanes en adjetivos atributivos señalando algo que pertenece a esta persona (como se trata de nombres propios, se mantiene la escritura con mayúscula): Schiller*sche* Dramen, Goethe*sche* (también Goethische) Balladen, Grimm*sche* Märchen, die Brecht*sche* Dramaturgie.

Los sufijos -*n*, -*en*, -*ern*

La aparición de estos sufijos se observa frecuentemente en la transposición de sustantivos en adjetivos atributivos que reflejan el material del que está hecho un objeto: Kupfer/*kupferne* Gefäße, Silber/eine *silberne* Kette, Seide/ein *seidener* Schal, Gold/eine *goldene* Uhr, Metall/*metallene* Instrumente, Holz/eine *hölzerne* Brücke, Glas/*gläserne* Türen, Blech/ein *blecherner* Löffel, Eisen/ein *eiserner* Ofen, (también en sentido figurado: der *eiserne* Wille, der *eiserne* Vorhang).

Los sufijos -*sam* y -*haft* (-*haftig*)

Estos sufijos realizan la transposición de algunos sustantivos abstractos en adjetivos que señalan diversas relaciones semánticas, a veces difíciles de parafrasear. Generalmente aluden a la forma o al modo en que se ejecuta un estado de cosas (eine *wundersame* Genesung, er setzte sich *behutsam*, er ging *sparsam* um), describen la presencia o fisionomía de algo o el comportamiento de alguien (*wachsamer* Hund, *arbeitsames* Kind, ein *furchtsamer* Junge). Más ejemplos: *mühsam* (mit Mühe), *empfindsam* (mit Empfindung), *bedeutsam* (Bedeutung haben), *wirksam* (eine Wirkung haben), *langsam* (etwas in die Länge ziehen), *einsam* (nur Eine(r) sein); *meisterhaft* (wie ein Meister), *mädchenhaft* (wie ein Mädchen), *märchenhaft* (wie im Märchen), *lebhaft* (Leben und Bewegung zeigen), *wahrhaftig* (wie es in Wahrheit ist), *leibhaftig* (mit dem Leib (Körper) anwesend sein), etc.

Los sufijos suelen dividirse de ordinario en patrimoniales (*einheimische Suffixe*) y prestados (*Lehnsuffixe*). Entre ellos es conveniente reseñar que existen algunos que se encuentran inmersos en un proceso de gramaticalización como *–frei, -los, -reich, -voll*, etc. Estos sufijos, originariamente adjetivos, han ido adquiriendo con el tiempo carácter y significado morfemático y se han tornado, con el uso en contextos fijos, en formas convencionales. Este proceso de gramaticalización que afecta a las diferentes raíces originariamente libres no es nada desdeñable pues tienden a formar construcciones en serie. Al igual que los sufijos, su significado se ha modificado convirtiéndose en más abstracto y genérico. Este hecho es especialmente significativo porque marca una tendencia en la lengua alemana actual y simboliza la evolución y transformación de morfemas libres en auténticos morfemas ligados, en este caso concretamente en afijos derivativos; ejemplificando, así mismo, el camino discontinuo entre la sintaxis y la morfología.

Los confijos o sufijoides *–los, -frei, -arm y -voll (-reich), -wert*:

Estos confijos tendentes a convertirse en semi-sufijos se corresponden en sustancia con las preposiciones *ohne* y *mit* y realizan la transposición de sustantivos en adjetivos y pueden presentar un elemento flectivo de juntura: *hilflos* (ohne Hilfe sein), *hilfreich* (Hilfe geben), *wertlos* (ohne Wert), *wertvoll* (großen Wert haben), *rücksichtslos* (ohne Rücksicht handeln), *rücksichtsvoll* (mit Rücksicht handeln), *vertrauensvoll* (mit Vertrauen), *wasserarm* (wenig Wasser, ohne Wasser), *salzarm* (wenig Salz, ohne Salz), *fettarm* (wenig Fett, ohne Fett), *systemlos* (ohne System), *atomwaffenfrei* (ohne Atomwaffen), *alkoholfrei* (ohne Alkohol), *partikelfrei* (ohne Partikeln), *koffeinfrei* (ohne Koffein), etc.

Los numerosos sufijos que son préstamos de otras lenguas realizan la transposición de préstamos sustantivales en adjetivos mediante *–al*, por ejemplo: *ideal, epochal, instrumental, katastrophal, regional, triumphal*; con sus variantes: *-ial: territorial, ministerial, -ual: prozentual, prozessual; -ell: intellektuell, individuell; -iv: depressiv,* *informativ, normativ, operativ*; *-ant (-ent)*: *tolerant, arrogant, intelligent*; *-ar (-är)*: *linear, autoritär, inflationär, stationär*, etc.

4. La formación de verbos

La formación de verbos está específicamente condicionada por las funciones determinadas que realiza esta clase de palabras, por lo que los recursos para su formación presentan una estructura muy diferente a la de los sustantivos y adjetivos. En el proceso de formación de verbos intervienen esencialmente elementos accesorios de tipo preverbial, prefijos inseparables y partículas separables, que realizan la modificación semántica del verbo. A nivel sintáctico, la modificación semántica mediante prefijos inseparables implica, en muchos casos, la modificación del régimen y de las valencias de los verbos, y, en lo concerniente al entorno semántico-oracional, muchos prefijos inseparables y muchas partículas separables realizan también la modificación del modo de acción del verbo, lo que a su vez repercute en la elección del verbo auxiliar para la formación de los tiempos perfecto y pluscuamperfecto, y condiciona la posibilidad de formar un participio atributivo.

Otro recurso muy productivo para la ampliación de unidades léxicas verbales es la conversión de sustantivos y adjetivos en verbos que se realiza de un modo paradigmático con el morfema gramatical de infinitivo verbal *–en* (o *-n* cuando el sustantivo o adjetivo objeto de conversión termina en *-e*; mediante la ampliación del sufijo *-ig-en* en algunos verbos abstractos, o *-el-n* en algunos verbos iterativos). Cuando se trata de la conversión de sustantivos que son préstamos de otras lenguas, predominan los sufijos *–ieren, -isieren*. Por ejemplo: das Land/land*en*, die Reise/reis*en*, die Hupe/hup*en*, der Spiegel/spiegel*n*, der Trost/tröst*en*, der Blitz/blitz*en*, der Regen/regn*en*, der Handwerker/handwerker*n*, das Pendel/pendel*n*, die Schale/schäl*en*, der Zweifel/zweifel*n*; die Angst/sich ängst*igen*, die Pein/pein*igen*, der Spott/spotten/spött*eln*, der Husten/hust*en*/hüst*eln*; die Diskussion/diskut*ieren*, das Interesse/interess*ieren*, das Ideal/ideal*isieren*, die Bagatelle/bagatell*isieren*; gleich/sich gleich*en*, krank/kränk*eln*, trocken/trockn*en*, weit/sich weit*en*, welk/welk*en*, rot/röt*en*, schwarz/schwärz*en*, wach/wach*en*, etc.

Todos los verbos obtenidos de la conversión de sustantivos y adjetivos pueden participar en el proceso de la modificación semántica mediante partículas separables o prefijos inseparables.

4.1. Verbos con elementos léxicos preverbiales: estructuras - efectos semánticos - funciones gramaticales

4.1.1. Estructura: sustantivo o adjetivo o verbo + verbo

Un verbo puede presentar como primer componente un sustantivo, un adjetivo u otro verbo. Estos complejos verbales que incorporan elementos sintácticos cercanos son frecuentemente considerados como composiciones verbales. Las relaciones entre los componentes están sometidas a las reglas de la nueva ortografía alemana en lo relativo a la escritura en una o dos palabras, dado que presentan numerosas particularidades, y cada caso debe consultarse en el diccionario. Un sustantivo como primer componente léxico otorga una mayor precisión al significado del verbo base; un adjetivo como primer componente indica el estado que se origina en función del significado del verbo.

La casuística más común en esta cuestión es la siguiente:

a) En casos normales se realiza la escritura en dos palabras: sustantivo+verbo: por ejemplo *Halt machen, Rad fahren, Recht behalten*; adjetivo+verbo, cuando el adjetivo es susceptible de comparación o ampliación mediante *'sehr'* o *'ganz'*: por ejemplo *bekannt machen, ernst nehmen, fest halten, genau nehmen, offen stehen, schlecht gehen, schwer fallen, übel nehmen.*

b) Algunos sustantivos y adjetivos en su posición de primer componente, forman una construcción inseparable con el verbo base: sustantivo+verbo: por ejemplo *handhaben, lobpreisen, gewährleisten, schlussfolgern, schlafwandeln, wetteifern*; adjetivo+verbo: por ejemplo *frohlocken, langweilen, liebkosen, vollbringen, vollenden.*

c) Otro grupo de sustantivos y adjetivos como primer componente establecen una relación inseparable con el verbo base en infinitivo, en los participios presente y perfecto, y en posición final del verbo en las oraciones subordinadas, mientras que en los tiempos presente y pretérito el primer componente se separa del verbo base: sustantivo+verbo: por ejemplo. *heimkehren – er kehrt/kehrte nach langer Zeit heim, er ist nach langer Zeit heimgekehrt, die heimkehrenden Wanderer, alle freuen sich, dass er nach langer Zeit heimkehrt*; así mismo: *heimbringen, heimfahren, heimreisen, heimzahlen, irreführen, irreleiten, preisgeben, standhalten, teilnehmen, teilhaben, wettmachen.* Adjetivo+verbo: por ejemplo *fernsehen – sie sieht/sah jeden Tag fern,*

La formación de verbos   67

sie hat jeden Tag ferngesehen, die täglich fernsehende Bevölkerung, es ist nicht gut, wenn man lange fernsieht; así mismo: *festsetzen, jemanden freisprechen, trockenlegen.*

d) La lengua alemana dispone de pocos complejos verbales con un primer componente verbal en infinitivo o en participio de perfecto que se escribe siempre separado del segundo componente o verbo base: *bestehen bleiben – das Bündnis bleibt/blieb bestehen, das Bündnis ist bestehen gelieben; kennen lernen – sie haben sich neulich kennen gelernt; sitzen bleiben – er blieb ruhig sitzen, er ist in diesem Schuljahr sitzen geblieben; spazieren gehen – sie ist jeden Tag spazieren gegangen; stehen bleiben – plötzlich ist er stehen geblieben; verloren gehen – der Bericht ist verloren gegangen; gefangen halten – man hat die Verdächtigen weiterhin gefangen gehalten.*

4.1.2. Estructura: adverbios o preposiciones + verbo

La formación de verbos alemanes se caracteriza por la incorporación de elementos léxicos no flectivos, de modo que los verbos formados con un lexema adverbial o preposicional como primer componente constituyen el tipo verbal predominante de la lengua alemana. Estas partículas preverbiales que se separan del verbo base en los tiempos presente y pretérito, y establecen con el lexema verbal una coordinación lexicalizada inseparable en infinitivo, en los participios de presente y de perfecto, y en posición final del verbo en las oraciones subordinadas, se denominan partículas separables. Estas partículas separables y tónicas implican frecuentemente un significado diferente del que tienen las preposiciones o los adverbios en otros contextos. Este tipo de composiciones – Präposition/Adverb + Verb – se muestra especialmente productivo en la lengua alemana y explica la diversificación de los contenidos verbales, incluso en las creaciones neológicas, ya que existe la desmesurada posibilidad de acuñar espontáneamente nuevos verbos. De este modo, a cada verbo le corresponde, especialmente en la comuicación viva, un amplio abanico de formas.

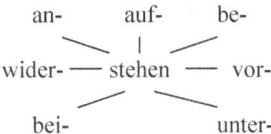

En lo que a los neologismos se refiere, el esquema se reproduce de manera análoga: *shoppen*: *beshoppen – abshoppen – einshoppen – mitshoppen – herumshoppen – vorshoppen – vershoppen;* *googeln*: *ergoogeln - nachgoogeln*
Es evidente que la palabra determinante modifica el valor conceptual de la palabra fundamental pero, a veces, esta modificación semántica es tan acusada que resulta prácticamente imposible descifrar el significado originario o de partida: *teilen – mitteilen, gehen – eingehen, kommen – umkommen, stellen - einstellen.*

Las partículas preposicionales separables son: *ab- an-, auf-, aus-, bei-, gegen-, mit-, nach-, vor-, zu-.*

Las partículas adverbiales separables simples y complejas son: *da-, dabei-, dafür-, dagegen-, daher-, dahin-, daneben-, dar-, d(a)ran-, d(a)rein-, da(r)nieder-, darum-, davon-, dazu-, dazwischen-, drauf-, drauflos-, drin-, ein-, einher-, empor-, entgegen-, entlang-, entzwei-, fort-, gegenüber-, her-, herab-, heran-, herauf-, heraus-, herbei-, herein-, hernieder-, herüber-, herum-, herunter-, hervor-, herzu-, hin-, hinab-, hinan-, hinauf-, hinaus-, hindurch-, hinein-, hintenüber-, hinterher-, hinüber-, hinunter-, hinweg-, hinzu-, inne-, los-, nieder-, überein-, umher-, umhin-, voran-, voraus-, vorbei-, vorher-, vorüber-, vorweg-, weg-, weiter-, wieder-, zu-, zurecht-, zurück-, zusammen-, zuvor-, zwischen-.*

Estas partículas separables proporcionan a los verbos alemanes una información léxica muy precisa, y sintácticamente se las considera la parte léxica del predicado (incluso en los neologismos del tipo *zusammencasten, ausknocken*). Todos los verbos con partículas preverbiales separables presentan en oraciones enunciativas la estructura característica del marco verbal, en analogía con las formas verbales analíticas, en cuanto que la forma verbal finita o conjugada de un predicado complejo abre el marco verbal, siendo las partes infinitas del predicado las que lo cierran, por ejemplo: *Sie sind neulich nach Madrid gefahren.* / *Sie fuhren am Morgen ab.* / *Nach zwei Stunden kamen sie an.* / *Sie sind am selben Tag zurückgefahren.*

Con relación a la acción verbal, las partículas preverbiales separables pueden establecer diferencias temporales, locales y de contenido.

Así, las partículas adverbiales incorporan siempre relaciones situativas o direccionales muy precisas al verbo base. En esta relación destacan por su importancia las relaciones direccionales con los adverbios *hin-* y *her-* + preposición, y los numerosos adverbios pronominales que actúan como partículas preverbiales, por ejemplo: *Er ging zu dem schönen Auto hinüber, stand reglos davor und hätte sich so gern hineingesetzt.*

Las partículas preposicionales por su parte, señalan la modificación semántica del verbo base que puede dar lugar a modificaciones sintácticas, como la transitivación del verbo pertinente o la reducción de sus valencias, y a nivel semántico-oracional puede implicar una modificación accional y temporal, así como una clasificación local.

4.1.3. Estructura: prefijos verbales inseparables + verbo

Los prefijos verbales inseparables y átonos *be-, ent-, er-, ge-, emp-, pro-, ver-, zer-* constituyen el tipo central de la derivación verbal (el prefijo *miss-* no es productivo). Estos morfemas léxicos carentes de autonomía forman con el correspondiente lexema verbal una unidad indisoluble y matizan el significado de los verbos base.

Los significados relativamente abstractos de los prefijos inseparables carecen de la precisión semántica que imprimen a los verbos las partículas preverbiales separables. Sin embargo, los prefijos inseparables no sólo actúan como modificadores semánticos verbales, sino que realizan su función central en el ámbito de las categorizaciones gramaticales:

A nivel formal todos los verbos con prefijos inseparables forman su participio de perfecto sin el morfema flectivo característico "ge-", en cuanto que son los prefijos mismos los que producen la conclusión semántica señalada por el participio de perfecto.

Los prefijos inseparables tienen la capacidad de modificar acentos sintácticos y modifican las valencias o la calidad de los argumentos de gran parte de los verbos base con la consecuente transitivización de complementos preposicionales, o de dativo, por ejemplo: *Man sprach über die Einzelheiten. / Man besprach die Einzelheiten. – Er hofft auf eine Beförderung. / Er erhofft eine Beförderung. – Ein Pfleger sorgt für die Kranken. / Ein Pfleger versorgt die Kranken. – Sie folgten seinem Rat. / Sie befolgten seinen Rat.*

La focalización en el objeto directo u objeto de acusativo permite, por una parte, que éste se pueda transformar en sujeto de la oración pasiva, por ejemplo: *Die Ein-*

zelheiten wurden besprochen. – Eine Beförderung wird (von ihm) erhofft. – Die Kranken werden (von einem Pfleger) versorgt. – Sein Rat wurde befolgt. – y por otra, la formación de participios de perfecto con función atributiva, por ejemplo *die besprochenen Einzelheiten – die von ihm erhoffte Beförderung – die von einem Pfleger versorgten Kranken – der befolgte Rat.*

A nivel semántico-oracional, los diferentes prefijos inseparables acentúan el modo de acción perfectivo de los verbos base, en cuanto que pueden introducir una perspectivación temporal e indicar el comienzo de una acción (verbos ingresivos o incoativos) o señalar la fase final o el fin de una acción (verbos egresivos). También pueden indicar la transformación o el tránsito de un estado a otro (verbos transformativos). Estas características se ponen de manifiesto especialmente en los numerosos verbos desustantivados y deadjetivados transformativos que realizan una aportación considerable a la ampliación del acervo léxico verbal.

El modo de acción verbal como categoría semántica señala, a través de diversos medios lingüísticos, las diferencias temporales y de contenido que pueda implicar una acción verbal, lo que da lugar a distinguir semánticamente dos grandes grupos verbales: verbos imperfectivos o durativos y verbos perfectivos y/o transformativos. La interacción de estas categorías semánticas con las categorías sintácticas (verbos transitivos/verbos intransitivos) se refleja claramente en el amplio espectro funcional de los verbos con prefijos inseparables y tiene consecuencias con respecto a la elección de los verbos auxiliares del tiempo perfecto *haben* y *sein*.

4.1.3.1. Clasificación semántica y características sintácticas de los prefijos inseparables

El prefijo *be-* puede indicar la dirección hacia el término de la acción expresada por el verbo, o un resultado en el sentido más amplio. A nivel sintáctico produce la transitivización de numerosos verbos base intransitivos con complemento preposicional (*beantworten, bearbeiten, bedanken, bedenken, bedienen, befahren, befolgen, beklagen belauschen, bewohnen*) y de muchos verbos desustantivados y deadjetivados (*beeinflussen, befreunden, befürchten, belasten, bestrafen, bewirten*), frecuentemente adquieren estos verbos los sufijos *-igen* y *-ern* (*befestigen, begeistern, befähigen, beruhigen, beseitigen, bevölkern*). El tiempo de perfecto de estos verbos se forma con el verbo auxiliar *haben*.

La formación de verbos 71

El prefijo *ent-* señala una eliminación o supresión tanto en sentido positivo como negativo de la acción expresada por el verbo. A nivel sintáctico produce la transitivización de verbos, en su mayoría desustantivados y deadjetivados y formados con bases análogas, que forman su tiempo de perfecto con el verbo auxiliar *haben* (*entblößen, entfalten, entfernen, enthärten, entkleiden, entladen, entleeren, entziffern*).

Por otra parte, este prefijo puede exigir un complemento en dativo para designar a la persona afectada. En este caso, los verbos base intransitivos forman el tiempo de perfecto con el verbo auxiliar *sein*, y los transitivos con *haben*, por ejemplo: *Diese Bemerkung ist mir entgangen.* (*gehen* = verbo intransitivo) / *Man hat ihm den Führerschein entzogen.* (*ziehen* = verbo transitivo).

Un reducido grupo de verbos señala, mediante el prefijo *ent-*, el comienzo inconcreto de una acción. La perfectividad semántica de la acción exige el verbo auxiliar *sein* para la formación del tiempo de perfecto (*entbrennen, entfliehen, entgleisen, entkommen*).

El prefijo *er-* puede indicar el comienzo de un proceso o de un estado nuevo, o la consecución de un efecto de la acción expresada por el verbo. Este prefijo, con un amplio espectro funcional, señala la transitivización de muchos verbos base cuando realza el momento del comienzo de la acción, o el momento en el que se produce un nuevo estado (*erarbeiten, erbitten, erfüllen, ergreifen, erkennen, erleben, erreichen, erretten, erschießen, erschlagen*). En función del significado del verbo base también indica una dirección ascendente (*erbauen, erheben, errichten*). La focalización limitada al instante del comienzo de una acción o de un nuevo estado permite la transitivización de verbos semánticamente ingresivos o resultativos y la formación del tiempo perfecto con el verbo auxiliar *haben*, por ejemplo: *Er hat sein Projekt erarbeitet. / Sie hat einen Aufschub erbeten. / Man hat seinen Wunsch erfüllt. / Er hat die Gelegenheit ergriffen. / Niemand hat die Diva erkannt. / Er hat ein aufregendes Abenteuer erlebt. / Wir haben unser Ziel erreicht. / Er hat jemanden errettet / erschossen / erschlagen. / Man hat das Gebäude erbaut / errichtet. / Man hat Anklage erhoben.*

Por otra parte son muy numerosos los verbos deadjetivados y desustantivados con prefijo *er-* que, indicando el comienzo de un nuevo estado, implican semánticamente un cambio de estado y señalan el modo de acción perfectivo (*erblinden, erfahren, erkranken, erröten, erblassen, erkalten, erlahmen, erleuchten, erwärmen*). Estos verbos semánticamente perfectivos y a nivel sintáctico intransitivos forman siempre su perfecto con el verbo auxiliar *sein*, por ejemplo: *Sie ist erblasst / erkrankt / errötet. – Sein Eifer ist erlahmt. – Der Raum ist erleuchtet / erwärmt*. Estas mismas características presentan también algunos verbos con base intransitiva (*erfrieren – sie sind erfroren / erstrahlen – alle Lichter sind erstrahlt*).

El prefijo *ver-* señala, en el sentido más amplio, un resultado, positivo o negativo, o el final de la acción denotada por el verbo. Tratándose del indicador semántico más frecuente, aporta efectos semánticos y modificaciones sintácticas muy diferentes tanto a los numerosos verbos base como a los verbos desustantivados y deadjetivados susceptibles de formar con este prefijo una nueva unidad verbal.

A nivel sintáctico, el prefijo *ver-* produce la transitivización de numerosos verbos base intransitivos con complemento preposicional (*sorgen für jdn. ~ jdn. versorgen, schweigen über etwas ~ etwas verschweigen, vertrauen auf jdn. ~ jdm. vertrauen, jdm. folgen ~ jdn. verfolgen*). En combinación con muchos verbos (simples, desustantivados, deadjetivados) señala, en el sentido más amplio, que una acción ha producido un resultado negativo o positivo (*sich versprechen, sich verhören, sich verlaufen, sich verschlafen, etwas verwässern, etwas versalzen, etwas verstecken, etwas verlegen, etwas versenken, jdn. oder etwas verdrängen, jdn. verhaften, jdn. verwunden, jdn. versklaven, etwas verengen, etwas verdunkeln, etwas verschließen, etwas verfilmen, etwas verdeutlichen, jdn. verarzten*). Estos verbos transitivos forman el tiempo de perfecto con el verbo auxiliar *haben*.

Por otra parte hay numerosos verbos (simples, desustantivados, deadjetivados) con el prefijo *ver-* cuya semasia señala la transformación o el tránsito de un estado a otro (*veralten, verarmen, verblühen, verbluten, verenden, verhungern, verheilen, verkohlen, verrosten, verschimmeln, verstauben, verstummen, vertrocknen, verwelken*). Estos verbos semánticamente perfectivos y sintácticamente intransitivos y forman el tiempo de perfecto con el verbo auxiliar *sein*.

El prefijo *zer-* indica actividades o procesos de disolución o separación, o la finalización negativa de una acción. En combinación con verbos, en su mayoría

La formación de verbos   73

desustantivados y deadjetivados (*zerbrechen, zerfallen, zerhauen, zerkleinern, zerknittern, zerlegen, zerreißen, zerrütten, zerschlagen, zerschneiden, zersetzen, zersplittern, zerstäuben, zerstören, zerstreuen, zerstückeln, zertrümmern*), este prefijo implica semánticamente un cambio de estado y señala el modo de acción perfectivo.

Sin embargo, el significado de la mayoría de estos verbos sólo admite, sintácticamente, el uso transitivo y, en consecuencia, la formación del tiempo de perfecto con el verbo auxiliar *haben* (*das Kind hat die Tasse zerbrochen; der Mann hat das Holz zerkleinert; er hat seine Uhr (in viele Teile) zerlegt; das Kind hat das Papier zerknittert / zerrissen / zerschnitten / zerstückelt; die Belastungen haben seine Gesundheit zerrüttet / zerstört; die Säure hat das Metall zersetzt; sie hat die Flüssigkeit zerstäubt; die Explosion hat die Fensterscheiben zersplittert / zertrümmert; der Wind hat die Blätter überallhin zerstreut*).

Debido a sus características semánticas sólo algunos verbos con este prefijo admiten la variante intransitiva y forman el tiempo perfecto con el verbo auxiliar *sein* (*die Tasse ist zerbrochen; das Haus ist zerfallen; das Glas ist zersplittert*).

4.1.4. Estructura: partículas preverbiales separables e inseparables *durch- / hinter- / über- / um- / unter-* + verbo

Estas partículas actúan como partículas preverbiales separables y tónicas, o como prefijos verbales inseparables y átonas y señalan la modificación semántica del verbo base. Las partículas separables incorporan al significado del verbo base relaciones locales y temporales concretas. De este modo son las características semánticas de estos verbos que establecen las relaciones sintácticas pertinentes con respecto a su transitividad o intransitividad.

Los prefijos inseparables otorgan al verbo base un significado abstracto o metafórico que da lugar a la transitivación del verbo prefijado.

durch- + verbo:

(*durchfahren*) *Er ist an der Grenze einfach durchgefahren.* (seguir una ruta sin pararse) / *Ihn durchfährt ein großer Schreck.* (un susto/un sentimiento traspasa el cuerpo de una persona)

(*durchbrechen*) *Sie hat das Brot durchgebrochen.* (partir algo en dos partes) / *Die Demonstranten haben die Absperrung durchbrochen.* (hacerse camino a la fuerza)

hinter- + verbo:

(*hinterbringen*) *Sie hat das Essen nicht hintergebracht.* (coloquial: no poder comer/tragar la comida) / *Man hat ihm jede Nachricht hinterbracht.* (comunicar noticias en secreto)
(*hinterlassen*) *Er hat ein Vermögen / ein großes Werk / Schulden hinterlassen.* (legar/dejar una fortuna/una gran obra/deudas, etc.)
(*hinterlegen*) *Sie hat den Schlüssel beim Pförtner hinterlegt.* (depositar algo)
über- + verbo:
(*übersetzen*) *Sie hat den Artikel ins Deutsche übersetzt.* (traducir)
(überlaufen) Der Soldat ist zum Gegner übergelaufen. (pasarse al enemigo)
(*überziehen*) *Ich habe mir einen Mantel übergezogen.* (ponerse una prenda encima) / *Er hat sein Bankkonto überzogen.* (rebasar su cuenta) / *Gestern haben wir die Betten überzogen.* (mudar las camas)
unter- + verbo:
(*unterstellen*) *Wir haben uns bei dem Regen untergestellt.* (ponerse bajo cubierta) / *Man hat ihm das Verbrechen unterstellt.* (imputar algo/un delito a alguien)
(*unterhalten*) *Ich halte die Hand unter, damit nichts hinfällt.* (poner la mano debajo de algo) / *Er hat sich gern mit seinen Freunden unterhalten.* (conversar/pasar el tiempo con alguien) / *Er hat eine große Familie unterhalten.* (mantener/alimentar a alguien, por ejemplo, una familia) / *Die beiden Staaten haben immer gute Beziehungen unterhalten.* (mantener relaciones/contactos) / *Diese Firma unterhält einen Sportverein.* (financiar)

um- + verbo:
Estos verbos implican diferentes tipos de desplazamientos. Los verbos transitivos con partícula separable indican un desplazamiento o un cambio de lugar del objeto (de la oración) realizado por el sujeto (de la oración):
(*umleiten*) *Die Polizei hat den Verkehr umgeleitet.* (desviar el tráfico)
(*umwenden*) *Der Koch hat den Braten umgewendet.* (dar la vuelta al asado)
(*umstellen*) *Sie hat den Tisch umgestellt.* (cambiar la mesa de lugar)
(*umtauschen*) *Sie hat das Buch umgetauscht.* (cambiar el libro por otro)
(*umstoßen*) *Das Kind hat das Glas umgestoßen.* (volcar el vaso)
(*umbinden*) *Er hat sich eine Krawatte umgebunden.* (ponerse una corbata)
Construcciones reflexivas:

(*sich umziehen*) *Sie hat sich schnell umgezogen.* (cambiarse de ropa)
(*sich umschauen*) *Er hat sich nach einem neuen Auto umgeschaut.* (buscar algo nuevo)
(*sich umdrehen, sich umwenden*) *Sie hat sich nicht umgewendet / umgedreht.* (girarse)

Los verbos intransitivos con partícula separable implican un movimiento del sujeto (de la oración):
(*umsteigen*) *Wir sind in den anderen Bus umgestiegen.* (hacer un trasbordo)
(*umfahren*) *Er hat ein Verkehrsschild umgefahren.* (atropellar algo)

Los verbos con prefijo inseparable son siempre transitivos y expresan la idea de rodear, circundar o moverse alrededor de alguien o algo:
(*umstellen*) *Die Polizei hat das Haus umstellt.* (rodear)
(*umkreisen*) *Die Erde umkreist die Sonne.* (girar alrededor de algo)
(*umzäunen*) *Unser Nachbar hat seinen Garten umzäunt.* (cercar algo)
(*umhüllen*) *Ein dichter Nebel hat den Fluss umhüllt.* (envolver algo)
(*umdrängen*) *Die Leute haben den Sänger umdrängt.* (apiñarse alrededor de alguien)
(*umfahren*) *Wir haben die Stadt weiträumig umfahren.* (rodear)

Una función complementaria de todos los verbos con partículas preverbiales separables y de todos los verbos con prefijos inseparables consiste en la posibilidad de formar atributos participiales. Su carácter transitivo, o, tratándose de verbos intransitivos, su modo de acción perfectivo les permite, a través de sus formas de participio de perfecto, pasar al ámbito nominal y adquirir la función sintáctica de atributos.

Compendio temático de neologismos *Alemán –Español*

A

◆ **Arbeitswelt und neue Berufsbezeichnungen**

(Mundo laboral y nuevas profesiones)

Abschiebebeobachter (der, -s, -) = observador para la repatriación de inmigrantes. OBS: Nueva expresión que surge en el ámbito de las inmigraciones masivas hacia el continente europeo.

„Der Abschiebebeobachter ist eine europaweit einzigartige Institution." (*taz NRW*, 5.12.2005, 2)

(Alt-)Akademiker (der, -s, -) = profesor universitario a la antigua usanza. OBS: El término alude a los profesores *de la antigua escuela*, anclados en el antiguo sistema académico.

„Offen das Wort ‚Standort-Konkurrenz' auszusprechen, in dem nach angelsächsischem Vorbild alle mit allen konkurrieren – die Staaten, die Hochschulen, die Professoren, die Studierenden – kommt manchem ‚Alt-Akademiker' noch schwer über die Lippen, doch die Beweislage ist erdrückend." (*Deutschland*, Nr. 1, Februar/März 2007, 3)

(Jung-)Akademiker (der, -s, -) = profesor universitario novel. OBS: Dícese del profesor que tiene poca experiencia frente al **Alt-Akademiker** con una larga trayectoria profesional.

„Jung-Akademiker mit einem Startgehalt von 40000 Euro sollten ohne jeden weiteren bürokratischen Aufwand in Deutschland arbeiten dürfen." (*Presse und Sprache* Nr. 608, September 2007, 7)

Beschäftigungsfähigkeit (die, -, -en) = empleabilidad. OBS: Calco semántico del inglés *employability*. Dícese de la capacidad o posibilidad para ser contratado. Se trata de una acepción nueva que surge dentro del proceso de Bolonia y de la reforma académica.

„Eine Akkreditierungsagentur überprüft die Qualität der neuen Bachelor- und Master-Studiengänge anhand der vom Akkreditierungsrat vorgegebenen

Grundsätze und Mindeststandards. Dabei wird großes Augenmerk auf die Konzeption und die Studierbarkeit der Studiengänge gelegt, insbesondere im Hinblick auf die Beschäftigungsfähigkeit der Absolventen und auf absehbare Entwicklungen in möglichen Berufsfeldern." (*Glossar HRK*, www.hrkbologna.de/bologna/de/home/1969.php)

Businessfrau (die, -, -en) = mujer de negocios. OBS: Voz inglesa cada vez más extendida que pone de manifiesto la pujanza social y laboral de la mujer en puestos de empresa relevantes y directivos.

„Vom edlen Brillengestell bis zu den Schuhen war sie perfekt als erfolgreiche Busineßfrau durchgestylt." (Barbara Noack, *Brombeerzeit*, 149)

Callcenter-Mitarbeiter (der, -s, -) = operador comercial. OBS: Término con el que se indica el comercial que trabaja por teléfono, desde una centralita para vender los productos de su empresa.

„In der Wohnung klingelt das Telefon, ein Callcenter-Mitarbeiter will ein Zeitschriften-Abo verkaufen." (*Presse und Sprache* Nr. 602, März 2007, 7)

Computer-Job (der, -s, -s) = trabajo desde casa con el ordenador. OBS: Expresión de carácter híbrido, en cuanto a los principios de composicionalidad, que se utiliza para denotar el trabajo que se realiza por ordenador desde casa.

„Die Verbreitung von Computer-Jobs gilt unter Ökonomen als Indiz für die Leistungsfähigkeit einer Volkswirtschaft." (*Presse und Sprache* Nr. 597, Oktober 2006, 7)

Doppeljobber (der, -s, -) = trabajador con doble empleo. OBS: Expresión referida al trabajador que simultanea dos empleos.

„Für einen großen Teil der Doppeljobber ist es schlichtweg notwendig, einen zusätzlichen Nebenjob zu haben." (http://www.focus.de/jobs/berufsalltag/tid-8461/berufsalltag_aid_232093.html)

Ein-Euro-Job (der, -s, -s) = mileurista; trabajo pagado por debajo de la media salarial. OBS: El término alemán se asocia básicamente con la ley de reforma Hartz IV que se define como un programa de trabajo y de ayuda social en una prestación única, a fin de integrar a los parados en el mercado laboral mediante trabajos mal remunerados. En español, el término podría corresponder con "mileurista", como persona con unos ingresos que no superan los 1000 €, por debajo del salario medio interprofesional.

„Der Mann, der einen Ein-Euro-Job als Hausmeister hat, lebt mit seinen beiden drei und acht Jahre alten Söhnen von 599 Euro im Monat [...]." (*Presse und Sprache* Nr. 602, März 2007, 5)

EU-Betrugsbekämpfer (der, -s, -) = operador contra el fraude. OBS: Término con el que se designa la persona que se dedica a luchar profesionalmente contra el fraude en la Oficina Europea de Lucha contra el Fraude (OLAF), defendiendo los intereses financieros de la Unión Europea y de sus contribuyentes.

„Die EU-Betrugsbekämpfer ermitteln im Fall des Kraftwerks Nikola Tesla nahe Belgrad seit dem Jahr 2004."
(www.radiokulturhaus.orf.at/inforadio/79691.html?filter)

Global Player (der, -s, -) = Global Player, multinacionales. OBS: Voz inglesa que alude a las empresas con grandes ofertas laborales y con una enorme representatividad en todo el mundo.

„Absolventen haben gute Jobaussichten, vor allem bei Gobal Playern mit Standorten in aller Welt." (*Deutschland*, Nr. 1, Februar/März 2007, 9)

Handyvertragsanbieter (der, -s, -) = proveedor de servicios de telefonía móvil. OBS: La nueva expresión alude a las empresas que ofrecen al consumidor contratos competitivos de telefonía móvil.

„Anders werden viele der beklagenswerten Eigenschaften Jugendlicher von Erwachsenen in Gang gesetzt – von Kneipenwirten, Handyvertragsanbietern, Bankkreditgebern, vom Werbeterror, von Eltern, die ihren Kindern keine Grenzen setzen können oder wollen." (*Berliner Zeitung*, 24.07.2007, 23)

Infosuse (die, -, -n) = señorita de atención al cliente, también, señorita de atención telefónica. OBS: Lexema con tintes marcadamente despectivos y peyorativos.

„Der Ausgang der Geschichte war auch ganz nett, die Infosuse teilte ihm mit, er solle über die Swisscom die Nummer ausfindig machen."
(http://www.fcbforum.ch/archive/index.php/t-16780.html)

Kabelfernsehanbieter (der, -s, -) = empresa proveedora de conexiones de televisión por cable.

„An Mobilfunk- und Kabelfernsehanbieter seien weitere 104.000 Anschlüsse gegangen." (*Die Welt*, Online-Ausgabe, 10.5.2007: http://www.welt.de/wirtschaft/article/863327)

Lobbyist (der, -en, -en) = lobbista, "cabildero". OBS: Lexema, en este caso concreto, con una extensión figurada que hace referencia a la persona que busca rodearse de serviles o lacayos para ganar voluntades en provecho de sus propios intereses. Término emparentado con *lobby* (= grupo de empresas influyentes)

„Die Lobbyisten von der Rektorenkonferenz bis zu den Studentenwerken reagieren auf die aktuelle Situation mit der alten Leier." (*Presse und Sprache* Nr. 600, Januar 2007, 11)

Minijob (der, -s, -s) = trabajillo, minitrabajo o trabajo de poca monta. OBS: Término coloquial con el que se pone de manifiesto la mediocridad del trabajo desempeñado. Generalmente se trata de trabajos de poca consideración y bajo rendimiento. En español cabría también pensar en una correspondencia con el "contrato basura".

„Deshalb macht der Altenpfleger einen Minijob beim Arbeiter Samariter-Bund in Bad Ems." (*Süddeutsche Zeitung*, Online-Ausgabe, 16.12.2004: http://www.sueddeutsche.de/jobkarriere/erfolggeld/artikel/919/44875/)

Minijobber (der, -s, -) = trabajador con contrato basura. OBS: Sustantivo que designa el agente referido al vocablo anterior. Dícese de la persona que desempeña un trabajo mal pagado y de poca monta.

„Im Durchschnitt verdienen Minijobber acht Euro die Stunde und arbeiten rund sieben Stunden in der Woche." (ZDF, http://www.zdf.de/ZDFde/inhalt/30/0,1872,2294558,00.html)

Telearbeit (die, -, -en) = teletrabajo. OBS: Expresión que alude a la realización de las tareas vinculadas al puesto de trabajo fuera del lugar de trabajo y por Internet.

„Danach ist der Anteil der Unternehmen, die ihren Mitarbeitern flexible Arbeitszeiten, Telearbeit, betriebliche Kinderbertreuung und andere familienfreundliche Maßnahmen anbieten, in den vergangenen drei Jahren kräftig gestiegen." (*Die Welt*, Online-Ausgabe, 19.12.2006: http://www.welt.de/data/2006/12/19/1151711)

Vertrauensarbeitszeit (die, -, -en) = tiempo de trabajo estimado, también, tiempo de trabajo confiado. OBS: Nuevo vocablo que hace referencia al trabajo que la empresa no controla porque le da un margen de confianza al trabajador para el logro de competencias.

„Jedes zweite Unternehmen setzt auf 'Vertrauensarbeitszeit', verzichtet also auf eine Kontrolle der geleisteten Arbeitszeit." (*Die Welt*, Online-Ausgabe, 19.12.2006: http://www.welt.de/data/2006/12/19/1151711.html?prx=1)

B

- ♦ **Bildungswesen**
- • **Europäischer Hochschulraum**
- • **Schule**
- • **Berufsbildung**

(Formación académica: Espacio Europeo de Enseñanza Superior, escuela y formación profesional)

Akkreditierung (die, -, -en) = acreditación.
„Akkreditierung im Hochschulbereich bedeutet die zeitlich begrenzte Anerkennung von Studienprogrammen (insbesondere Bachelor- und Master-Studiengänge) und Hochschulen im Rahmen eines geregelten Verfahrens." (*Glossar HRK*, www.hrk-bologna.de/bologna/de/home/1969.php)

Akkreditierungsagentur (die, -, -en) = agencia de acreditación.
„Eine Akkreditierungsagentur überprüft die Qualität der neuen Bachelor- und Master-Studiengänge anhand der vom Akkreditierungsrat vorgegebenen Grundsätze und Mindeststandards. Dabei wird großes Augenmerk auf die Konzeption und die Studierbarkeit der Studiengänge gelegt, insbesondere im Hinblick auf die Beschäftigungsfähigkeit der Absolventen und auf absehbare Entwicklungen in möglichen Berufsfeldern." (*Glossar HRK*, www.hrk-bologna.de/bologna/de/home/1969.php)

Akkreditierungsrat (der, -s, -¨e) = consejo de acreditación.
„Die Aufgabe des Akkreditierungsrats (www.akkreditierungsrat.de) besteht darin, die Qualitätssicherung in Lehre und Studium zu garantieren sowie Akkreditierungsagenturen zu begutachten und zu akkreditieren." (*Glossar HRK*, www.hrk-bologna.de/bologna/de/home/1969.php)

B – Bildungswesen

Anrechnungspunkt (der, -es, -e) = crédito europeo.
„(credit). Siehe: Leistungspunkt" (*Glossar des Verbundprojekts 2*, http://www.informatik.uni-kiel.de/~blk-lp/glossar.html)

Aufgabenorientierung (die, -, -en) = enfoque centrado en la elaboración de las tareas o pruebas.
„Lehrende bevorzugen offenbar detailliertere Ausführungen, die sich einerseits auf Aufgaben im Curriculum (eine Verbindung zur Aufgabenorientierung), andererseits auf qualitative Kriterien beziehen (eine Verbindung zur Diagnose-Orientierung)." (*Referenzrahmen*, 48)

Bachelorabschluss (der, -es, -ˮe) = grado (de grado).
„So können Studenten zunächst einen Bachelor-Abschluss machen, dann in die Praxis einsteigen und anschließend einen Master-Studiengang anschließen." (*Deutschland*, Nr.1, Februar/März 2007, 49)

Bachelor-Absolvent (der, -en, -en) = graduado, persona en posesión del título de grado.
„Wir werden vermehrt attraktive Tätigkeitsfelder und Entwicklungsperspektiven sowohl für Bachelor- als auch für Master-Absolventen anbieten." (*Deutschland*, Nr. 1, Februar/März 2007, 22)

Bachelor-Student (der, -en, -en) = estudiante de grado (futuro graduado).
„Unsere Berater beobachten, dass Bachelor-Studenten nicht selten zwischen 50 und 60 Stunden in der Woche an der Uni verbringen." (*Presse und Sprache* Nr. 611, Dezember 2007, 10)

Bachelor-Studiengang (der, -s, -ˮe) = estudios de grado.
„Und allein vom Sommer- zum Wintersemester dieses Jahres ist die Zahl der Bachelor- und Master-Studiengänge um 29 Prozent auf 3797 gestiegen."
Spiegel Online, 29.9.2005,
http://spiegel.de/unispiegel/studium/0,1518,376801,00.html)

Bachelorstudium (das, -s, -ien) = estudios de grado, carrera conducente a la obtención del título de grado.

„Sechs Semester und ab auf den Arbeitsmarkt – der Professorenlobby geht das zu schnell. Auch Berufsverbände der Lehrer, Ärzte und Juristen warnen vor dem Bachelor-Studium. Ihre Befürchtung: Nach der Uni landen die Absolventen als Halbgelehrte direkt auf dem Abstellgleis." („Hinein in den Beruf, aber in welchen?", *Spiegel Online*, 29.9.2005, http://spiegel.de/unispiegel/studium/0,1518,376801,00.html)

benutzerorientiert (adj.) = (la escala) centrada en el usuario. OBS: Adjetivo que recobra un nuevo valor semántico en el entorno académico, con especial énfasis en el alumnado.

„Skalen für Benutzer (benutzerorientierte Skalen) haben die Aufgabe, das typische oder wahrscheinliche Verhalten von Lernenden auf den verschiedenen Niveaus zu beschreiben." (*Referenzrahmen*, 46)

Beschäftigungsfähigkeit (die, -, -en) = capacidad de contratación o empleabilidad.

„Eine Akkreditierungsagentur überprüft die Qualität der neuen Bachelor- und Master-Studiengänge anhand der vom Akkreditierungsrat vorgegebenen Grundsätze und Mindeststandards. Dabei wird großes Augenmerk auf die Konzeption und die Studierbarkeit der Studiengänge gelegt, insbesondere im Hinblick auf die Beschäftigungsfähigkeit der Absolventen und auf absehbare Entwicklungen in möglichen Berufsfeldern." (*Glossar HRK*, http://www.hrk-bologna.de/bologna/de/home/1969.php)

(formative/summative) Beurteilung (die, -, -en) = evaluación (formativa/sumativa).

„Lehrer übernehmen nämlich verstärkt Verantwortung für die formative und die summative Beurteilung ihrer Schüler und Studierenden auf allen Stufen." (*Referenzrahmen*, 31)

beurteilungsorientiert (adj.) = (la escala) centrada en el examinador.

„Skalen für Beurteilende (beurteilungsorientierte Skalen) haben die Aufgabe, den Beurteilungsprozess zu lenken; die Beschreibungen formulieren typischerweise Aspekte der Qualität der erwarteten Leistung." (*Referenzrahmen*, 47)

B – Bildungswesen 87

Billigakademiker (der, -s, -) = universitarios devaluados. OBS: Expresión con dos variantes semánticas fundamentales: una que hace referencia al titulado universitario con un bajo rendimiento salarial y, otra, que hace referencia a los titulados universitarios procedentes de países con bajo nivel universitario.

„Eva Müller und Frank Konopatzki über eine bittere Tatsache: Billigakademiker." (http://www.pengev.de/forum/viewtopic.php?t=2486&start=15&postdays=0&postorder=asc&highlight=&sid=7d76193898de622abb78b9bde6889398)

Bologna-Prozess (der, -es, -e) = proceso de Bolonia.

„Im Zuge des ‚Bologna-Prozesses' ersetzen die Hochschulen bis 2010 ihre Magister- und Diplomstudiengänge durch solche mit Bachelor- und Masterabschluss." (*Deutschland*, Nr. 1, Februar/März 2007, 9)

Bundesabitur (das, -s, -e) = selectividad federal.

„Ein baldiger Wechsel auf ein *Bundesabitur* würde Schulen, Lehrer und Schüler überfordern." (http://66.102.9.104/search?q=cache:jrdr-8BpCusJ:www.geb-pforzheim.de/gebhome/news2/12.10.2007/SiB-1-0708_Vom_Sinn_und_Unsinn_eines_Zentralabiturs.pdf+Bundesabitur&hl=de&ct=clnk&cd=10&gl=de&lr=lang_de)

Creditsystem (das, -s –e) = sistema de creditos europeos. OBS: Vocablo que recobra especial significado en el Espacio Europeo de Educación Superior y que alude al proceso de convergencia iniciado en 1989 a partir del acuerdo en Bolonia.

„1989 erstmals eingeführt, wird dieses Credit-System heute in ganz Europa verwendet." (*Deutschland*, Nr. 1, Februar/März 2007, 22)

curricular (adj.) = curricular.

„Die Benutzer des *Referenzrahmens* sollten bedenken und, soweit sinnvoll, angeben, - inwieweit sich ihr Interesse an Niveaustufen auf Lernziele bezieht sowie auf curriculare Inhalte, Richtlinien für Lehrende und Aufgaben zur kontinuierlichen Beurteilung (konstruktionsorientiert)." (*Referenzrahmen*, 49)

Curriculumentwickler (der, -s, -) = diseñador curricular. OBS: Vocablo que hace referencia a la persona o grupo de personas responsables de la elaboración curricular.

„Praktiker (Lehrende, Autoren und Autorinnen von Unterrichtsmaterial, Prüfende, Curriculumentwickler usw.) und Abnehmer (Eltern, Schulbehörden, Arbeitgeber usw.), aber auch die Lernenden selbst halten solche konkreten Lernzielbeschreibungen für sehr sinnvoll und motivierend." (*Referenzrahmen*, 60)

Curriculumentwicklung (die, -, -en) = diseño curricular.

„*Kapitel 8* befasst sich mit den Implikationen der *Sprachenvielfalt* für die *Curriculumentwicklung* und behandelt offene Fragen wie: Mehrsprachigkeit und Plurikulturalität; differenzierte Sprachlernziele; Grundlagen der Curriculumentwicklung; Curriculumszenarien; lebenslanges Lernen; Modularität und Teilkompetenzen." (*Referenzrahmen*, 12)

Curriculumplaner (der, -s, -) = responsables de la planificación curricular.

„Eine solche einfache ‚globale' Darstellung macht es leichter, das System Nichtfachleuten zu vermitteln, und es kann zugleich Lehrenden und Curriculumplanern Orientierungspunkte geben." (*Referenzrahmen*, 34)

Curriculumprofil (das, -s, -e) = perfil curricular.

„Dass man keine angemessene Information darüber mit einbezog, wie gut Lernende Aufgaben ausführen sollten, führte in früheren Versionen der Zielvorgaben des Englischen Nationalen Curriculums ebenso wie bei den Australischen Curriculumprofilen zu Problemen." (*Referenzrahmen*, 48)

Datenabschrift (die, -, -en) = hoja/certificado de datos académicos (Transcript of records); certificación académica.

„Die Datenabschrift (Transcript of records) ist eine Bescheinigung über erbrachte Studien- und Prüfungsleistungen. Sie sollte dem ECTS-Format entsprechen und neben den persönlichen Daten des bzw. der Studierenden sowie den Daten der Hochschule eine Zusammenfassung der bis dato erbrachten Leistungen enthalten." (*Glossar des Verbundprojekts 2*, http://www.informatik.uni-kiel.de/~blk-lp/glossar.html)

B – Bildungswesen

Deskriptor (der, -s, -en) = descriptor. OBS: En el ámbito académico, el término "descriptor" es utilizado para definir el contenido de las asignaturas y describir su correspondiente programa en breves líneas.

„Sehr wichtige Fragen bei der Erörterung von Skalen der Sprachkompetenz sind jedoch (a) die genaue Identifikation des Zwecks, dem die Skala dienen soll, sowie (b) eine diesem Zweck angemessene Formulierung der Deskriptoren." (*Referenzrahmen*, 46)

diagnoseorientiert (adj.) = (programa) centrado en el diagnóstico.

„Analytische Skalen wie die in Tabelle 3 sind daher auch als *diagnoseorientiert* bezeichnet worden, weil einer ihrer Zwecke darin besteht, ein Profil des aktuellen Lernstands zu erfassen, ein Profil der Bedürfnisse und Ziele in relevanten Kategorien zu erstellen sowie eine Diagnose, was man zur Erreichung dieser Ziele noch abdecken muss." (*Referenzrahmen*, 47)

Diagnose-Orientierung (die, -, -en) = enfoque centrado en el diagnóstico.

„Lehrende bevorzugen offenbar detailliertere Ausführungen, die sich einerseits auf Aufgaben im Curriculum (eine Verbindung zur Aufgabenorientierung), andererseits auf qualitative Kriterien beziehen (eine Verbindung zur Diagnose-Orientierung)." (*Referenzrahmen*, 48)

Diplomzusatz (der, -es, -¨e) = suplemento/aditamento al diploma. OBS: Este tipo de documento adquiere una especial relevancia en el EEES como suplemento europeo al título.

„Der Diplomzusatz (Diploma Supplement) ist ein Dokument, das dem Abschlusszeugnis beigefügt wird. Es beschreibt die Art und den Inhalt des Studiengangs sowie das Qualitätsniveau. Außerdem liefert es Informationen über das Hochschulsystem des ausstellenden Landes, so dass die Qualifikation im jeweiligen Bildungskontext gesehen werden kann. Das Dokument wird in deutscher und englischer Sprache erstellt." (*Glossar des Verbundprojekts 2*, http://www.informatik.uni-kiel.de/~blk-lp/glossar.html)

Dozierender (part. I nominalizado: der Dozierende, -n, -n) = docente.

„Die Vergabe von Leistungspunkten richtet sich nach der von Dozierenden erwarteten Arbeitszeit, die durchschnittlich begabte Studierende investieren müssen, um eine bestimmte Lehrveranstaltung oder ein Modul zu absolvieren." (*Glossar HRK*, www.hrk-bologna.de/bologna/de/home/1969.php)

(mit dem Label der) Elite-Uni (die, -, -s) = universidad con mención de calidad.

OBS: La mención de calidad se inscribe en las políticas de calidad para una interacción de los sistemas universitarios en el EEES.

„Mit dem Label der Elite-Uni hantiert er trotzdem eher ungern." (*Deutschland*, Nr. 1, Februar/März 2007, 15)

Epochalunterricht (der, -s, sin pl.) = etapa semestral de ciertas asignaturas en la enseñanza secundaria.

„So gibt es nun das Wortungetüm ‚Epochalunterricht', wohinter sich aber nichts Historisches verbirgt, sondern der fragwürdige Umstand, dass man Nebenfächer in Halbjahreshappen unterrichtet: So haben die sechsten Klassen beispielsweise im ersten Halbjahr Erdkunde und Physik, im zweiten Geschichte und Biologie." (*Frankfurter Allgemeine Zeitung*, 10.9.2007, Nr. 210, 41)

Erasmusbonus (der, -ses, -se, también Boni) = ventaja erasmus.

„Zu den Vorlesungen ist zu sagen, daß es in Sevilla keinerlei Erasmusbonus in den Klausuren gibt, wie das an anderen Unis der Fall zu sein scheint." (http://fwi-fama.wiwi.uni-karlsruhe.de/~erasmus/homepage/erfahrung/Sevilla/2005/Sevilla.pdf)

Europäischer Forschungsraum (der, -s, -¨e) = espacio europeo de investigación.

„Schließlich sprachen sie sich für eine engere Verzahnung des Europäischen Hochschulraums mit dem Europäischen Forschungsraum und in diesem Zusammenhang für eine Einbeziehung der Promotionsphase als dritten Zyklus in die Bologna-Architektur (nach Bachelor und Master) aus." (Europäischer Hochschul- und Forschungsraum *HRK*)

B – Bildungswesen

Europäischer Hochschulraum (der, -s, sin pl.) = Espacio Europeo de Enseñanza Superior (EEES).

„Die Schaffung eines Europäischen Hochschulraums bis zum Jahr 2010 formulierten die für das Hochschulwesen zuständigen Minister von 29 europäischen Staaten in der Bologna-Erklärung als gemeinsames Ziel. Die Konvergenz der jeweiligen Hochschulsysteme soll durch die Umsetzung der in der Bologna-Erklärung genannten Maßnahmen erreicht werden." (*Glossar HRK*, www.hrk-bologna.de/bologna/de/home/1969.php)

Europäisches Sprachenportfolio (das, -s, -s) = Portfolio europeo de las lenguas.

OBS: El Portfolio es un documento exclusivo de su propietario en el que se archivan los conocimientos lingüísticos adquiridos de uno o varios idiomas extranjeros. Consta de tres partes: pasaporte, biografía y dossier.

„Besonders das *Europäische Sprachenportfolio* (ESP) bietet eine Form an, in der höchst unterschiedliche Arten des Sprachenlernens und der interkulturellen Erfahrungen dokumentiert und formell anerkannt werden können." (*Referenzrahmen*, 17)

Europarat (der, -es, sin pl.) = Consejo de Europa.

„Die jüngsten Entwicklungen im Sprachenprogramm des Europarats wurden so angelegt, dass sie allen Angehörigen der Sprachlehrberufe Handwerkszeug zur Förderung der Mehrsprachigkeit zur Verfügung stellen." (*Referenzrahmen*, 17)

Europass (der, -es, Europässe) = Europass. OBS: La expresión hace referencia al documento acreditativo de la formación, titulación y competencias profesionales de la persona. Una especie de currículo unitario y común a todos los países de la EU que consta de: Pasaporte de Lenguas, Movilidad Europass, Suplemento al Certificado de Formación Profesional y Suplemento al Título Superior. Véase www.europass.cedefop.eu.int. Otros compuestos son:
Europässe-Mobilität

„Der Europass besteht aus fünf Dokumenten, die für unterschiedliche Zielgruppen zum Einsatz angeboten werden." (www.frankfurt-main.ihk.de/berufsbildung/bildungspolitik)

Evaluation (die, -, -en) = evaluación. OBS: Término que adquiere una nueva dimensión semántica en el EEES a través de sus diferentes procedimientos como son: las pruebas, el Portfolio (carpeta de evaluación) y la auto-evaluación.

„,Evaluation' wiederum ist ein Begriff, der weiter greift als ‚Beurteilung'. Jede Beurteilung stellt eine Form von Evaluation dar, aber bei einem Sprachenprogramm werden neben der Sprachkompetenz der Lernenden viele weitere Dinge evaluiert". (*Referenzrahmen*, 172)

Fast-Track-Programm (das, -s, -e) = programa de doctorado con itinerario rápido y directamente conducente a la tesis doctoral.

„Vom Wintersemester 2007 an wird sie pro Jahr etwa 30 Doktoranden aufnehmen und ihnen in einem Fast-Track-Programm die für sie optimalen Entwicklungsmöglichkeiten bieten." (*Deutschland*, Nr. 1, Februar/März 2007, 15)

Flagship-Programm (das, -s, -e) = programa Flagship. OBS: Término referido a proyectos académicos para impartir conocimientos específicos a los responsables de implantar políticas públicas, a investigadores o profesores universitarios.

„In dieser Hinsicht leistet die EU mit ihren ‚Flagship'-Programmen wie Erasmus Mundus und Tempus für unsere Nachbarstaaten sowie mit dem neuen Atlantis-Programm für die USA vorbildliche Arbeit." (*Deutschland*, Nr. 1, Februar/März 2007, 33)

Google-Check (der, -s, -s) = el chequeo, la comprobación con google. OBS: La acepción del vocablo adquiere en el entorno escolar una nueva dimensión pragmática y se refiere a la revisión y corrección de los trabajos de clase por parte de los profesores a través del buscador google para comprobar y verificar que no han sido copiados.

„Entgegen der Annahme vieler Jugendlicher wissen auch sie, wie das Internet funktioniert, und ein Google-Check bei Hausarbeiten und Aufsätzen gehört bei vielen längst zur Routine." (*Presse und Sprache* Nr. 614, März 2008, 11)

B – Bildungswesen

Itemanalyse (die, -, -n) = análisis de ítems.
„Diese Handreichungen befassen sich detailliert mit der Entwicklung und Evaluation von Tests und sind eine Ergänzung zu Kapitel 9. Sie enthalten auch Vorschläge für die weitere Lektüre, einen Anhang über Itemanalyse und ein Glossar." (*Referenzrahmen*, 31)

Itembank (die, -, en) = banco de exámenes.
„Bei der Erstellung einer konkreten Prüfung oder bei der Einrichtung einer Itembank muss man zwar sehr detailliert vorgehen; die Anzahl derjenigen Details hingegen, die man z.B. in einem veröffentlichten Lehrplan bzw. Prüfungscurriculum berücksichtigen will, muss umsichtig festgelegt werden."
(*Referenzrahmen*, 30)

Kann-Beschreibung (die, -, -en) = descriptor de lo que „puede hacer" el usuario de la lengua.
„Für einige der Strategien, die man bei der Ausführung kommunikativer Aktivitäten einsetzt, werden ‚Kann-Beschreibungen' aufgeführt."
(*Referenzrahmen*, 38)

Kompetenzkontinuum (das, -s, -nua) = grado de dominio lingüístico. OBS: Dícese también de las formas de medir y valorar dicha capacidad o constante en el aprendizaje.
„Die Alternative zu diesem Ansatz ist, die Ergebnisse eines jeden Tests auf das relevante Kompetenzkontinuum zu beziehen, für gewöhnlich mit einer Reihe von Qualitätsabstufungen. Hier ist das Kontinuum das Kriterium, die äußere Wirklichkeit, die sicherstellt, dass Testergebnisse etwas bedeuten." (*Referenzrahmen*, 180)

Kompetenzniveau (das, -s, -s) = nivel de competencias lingüísticas.
„Eines der Ziele des *Referenzrahmens* ist es, allen beteiligten Partnern bei der Beschreibung der Kompetenzniveaus zu helfen, die gemäß den Standards ihrer Tests und Prüfungen erwartet werden." (*Referenzrahmen*, 32)

Kontaktschwelle (die, -, -n) = nivel umbral. OBS: Expresión procedente del inglés *Threshold Level*.

„Diese Deskriptoren müssen holistisch bleiben, um einen Überblick zu ermöglichen; detaillierte Listen von Mikrofunktionen, grammatischen Formen und Wortschatz werden in den Lernzielbeschreibungen für einzelne Sprachen präsentiert (z.B. im *Threshold Level 1990* oder in der Kontaktschwelle)." (*Referenzrahmen*, 39)

Kreditpunkt (der, -es, -e) = crédito europeo.

„Siehe: Leistungspunkt." (*Glossar des Verbundprojekts 2*, http://www.informatik.uni-kiel.de/~blk-lp/glossar.html)

Leistungspunkt (der, -es, -e) = crédito europeo. OBS: Sinónimo de **Kreditpunkt**.

„Unter einem Leistungspunkt (credit) versteht man eine normierte, quantitative Maßeinheit für den zeitlichen Arbeitsaufwand der Studierenden (workload). [...] Für den Begriff Leistungspunkt sind auch Anrechnungs- oder Kreditpunkt gebräuchlich." (*Glossar des Verbundprojekts 2*, http://www.informatik.uni-kiel.de/~blk-lp/glossar.html)

Leistungspunkte -Akkumulierungs- und Transfersystem = sistema de acumulación y transferencia de puntos obtenidos por rendimiento académico.

„Ein Leistungspunkte-Akkumulierungs- und Transfersystem kombiniert die Akkumulierungs- und die Transferkomponente." (*Glossar des Verbundprojekts 2*, http://www.informatik.uni-kiel.de/~blk-lp/glossar.html)

Leistungspunktekonto (das, -s, -ten) = cuenta de créditos. OBS: La expresión designa concretamente la acumulación de puntos obtenidos por rendimiento académico.

„In Studiengängen, die mit einem Leistungspunktesystem versehen sind, wird für jeden Studierenden bei dem zuständigen Prüfungsamt ein individuelles Leistungspunktekonto eingerichtet, auf dem die erzielten Leistungspunkte erfasst werden. Das Leistungspunktekonto informiert somit über den aktuellen Studienfortschritt." (*Glossar HRK*, www.hrk-bologna.de/bologna/de/home/1969.php)

Liberal-arts-Komponente (die, -, -en) = escuela o bachillerato en humanidades (siguiendo el modelo americano).

„Auch die neuen, meist dreijährigen Bachelor-Studiengänge in Europa unterscheiden sich deutlich von den vierjährigen Undergraduate-Studiengängen in den USA mit ihrer ‚liberal arts-Komponente'." (*Deutschland* Nr. 1, Februar/März 2007, 20)

Master-Absolvent (der, -en, -en) = alumno/egresado en posesión del título de Master.

„Wir werden vermehrt attraktive Tätigkeitsfelder und Entwicklungsperspektiven sowohl für Bachelor- als auch für Master-Absolventen anbieten." (*Deutschland*, Nr. 1, Februar/März 2007, 22)

Master-Studiengang (der, -s, -¨e) = estudios de Master.

„Ein Master-Studiengang, der nach einem erfolgreich abgeschlossenen Bachelor-Studiengang aufgenommen werden kann, führt zu einem weiteren berufsqualifizierenden Abschluss. Während des Studiums erfolgt entweder eine tiefer gehende Spezialisierung innerhalb der gewählten Studienrichtung oder eine interdisziplinäre Weiterqualifikation. Bei nicht-konsekutiven Studienangeboten bietet das Master-Studium die Möglichkeit, eine neue Studienrichtung einzuschlagen." (*Glossar HRK*, www.hrk-bologna.de/bologna/de/home/1969.php)

Master-Studium (das, -s, -ien) = estudios de Master.

„Ein Master-Studiengang, der nach einem erfolgreich abgeschlossenen Bachelor-Studiengang aufgenommen werden kann, führt zu einem weiteren berufsqualifizierenden Abschluss. Während des Studiums erfolgt entweder eine tiefer gehende Spezialisierung innerhalb der gewählten Studienrichtung oder eine interdisziplinäre Weiterqualifikation. Bei nicht-konsekutiven Studienangeboten bietet das Master-Studium die Möglichkeit, eine neue Studienrichtung einzuschlagen." (*Glossar HRK*, www.hrk-bologna.de/bologna/de/home/1969.php)

Modul (das, -s, -e) = módulo.

„Außerdem werden Module und Gruppen von Modulen, die auf spezifische Bedürfnisse, Charakteristika und Möglichkeiten der Lernenden ausgerichtet sind, eine wichtige Rolle spielen." (*Referenzrahmen*, 19)

modular (adj.) = modular. OBS: En el *Marco Común Europeo de Referencia para las Lenguas*, la palabra modular adquiere una nueva dimensión conceptual en estrecha relación con la iniciativa de fomentar la pluralidad lingüística y con la configuración física del portfolio (estructura de forma modular en tres puntos). "Damit arbeitet man in Richtung auf *modulares* Lernen und modulare Zertifizierung." (*Referenzrahmen*, 170)

modulares Lernen (das, -s, sin pl.) = aprendizaje modular.
"Damit arbeitet man in Richtung auf *modulares* Lernen und modulare Zertifizierung." (*Referenzrahmen*, 170)

modulare Zertifizierung (die, -, -en) = sistemas de certificación.
"Damit arbeitet man in Richtung auf *modulares* Lernen und modulare Zertifizierung." (*Referenzrahmen*, 170)

Modularität (die, -, -en) = modularidad.
"Mehrdimensionalität und Modularität erscheinen so gesehen als Schlüsselbegriffe im Aufbau einer vernünftigen Basis für sprachliche Diversifizierung im Curriculum und bei der Beurteilung." (*Referenzrahmen*, 170)

Modulkatalog (der, -s, -e) = catálogo de módulos.
"Ein Modulkatalog (auch Kurskatalog genannt) ist ein regelmäßig aktualisiertes kommentiertes Veranstaltungsverzeichnis, das als wichtigsten Bestandteil die Modulbeschreibungen enthält." (*Glossar des Verbundprojekts 2*, http://www.informatik.uni-kiel.de/~blk-lp/glossar.html)

Modul-Verantwortlicher (adj. nominalizado: der Verantwortliche, -n, -n) = coordinador de módulo. (Designación que aparece en "Bachelor-Kernfach *Deutsch als Fremd- und Zweitsprache*. Modulkatalog 2007/08." Entwurf für die Akkreditierung vom Rat der Philosophischen Fakultät der Friedrich-Schiller-Universität am 28.11.2006 verabschiedet.)

Modulzeugnis (das, -ses, -isse) = diploma o certificado de módulo.
"Modulzeugnisse werden für erfolgreich absolvierte Module vergeben und sollen laut Empfehlung des Stifteverbandes für die Deutsche Wissenschaft (2000) folgende Angaben enthalten: personenbezogene Informationen (Name, Matri-

kelnummer), zentrale studienbezogene Informationen (Hochschule, Studienfach, beurteilender Dozent, Datum, u.ä.), Bezeichnung des Moduls und Zahl der Leistungspunkte sowie qualitätsrelevante Informationen zu der erbrachten Leistung (Art der Prüfung, Note)." (*Glossar HRK*, www.hrk-bolog na.de/bologna/de/home/1969.php)

Pisa-Sieger (der, -s, -) = ganador en el informe PISA. OBS: La expresión hace referencia al país con los mejores resultados obtenidos en formación escolar mediante la aplicación de los exámenes de Pisa. Este programa de evaluación internacional (*Programme for International Assessment*) analiza los diferentes sistemas educativos y el rendimiento así como la competencia de los estudiantes de la ESO en las asignaturas de matemáticas, lectura y ciencias. Los resultados del estudio estadístico, que de dicho informe derivan, han generado y siguen generando numerosos neologismos: **Pisa-Schock**, **Pisa-Chef**, **Pisa-Resultate**, **Pisa-Studie**, etc.

„Bildungspolitiker pilgerten ins gelobte Land des Pisa-Siegers Finnland, staunten, dass es Schulen gibt, in denen man den Versuch macht, jedes Kind zu fördern." (*Presse und Sprache* Nr. 601, Februar 2007, 8)

Präsenzstunde (die, -, -n) = hora(s) presencial(es). OBS: Lexema que, en el contexto académico del EEES, recobra una nueva dimensión pragmática frente a las horas de clase no presenciales (en alemán: *Selbststudium*).

„Arbeitsaufwand (work load) in: - Präsenzstunden und Selbststudium (einschli. Prüfungsvorbereitung) in h (300 h: 60 + 240)." (Bachelor-Kernfach *Deutsch als Fremd- und Zweitsprache*. Modulkatalog 2007/08. Entwurf für die Akkreditierung vom Rat der Philosophischen Fakultät der Friedrich-Schiller-Universität am 28.11.2006 verabschiedet.)

Prüfungsanbieter (der, -s, -) = entidad examinadora.

„Die Verantwortlichkeit der Bildungsbehörden und der Prüfungsanbieter, die Qualifikationen feststellen, sowie der Lehrenden kann sich nicht darin erschöpfen, für das Erreichen eines bestimmten Kompetenzniveaus in einer bestimmten Sprache zu einem bestimmten Zeitpunkt zu sorgen – so wichtig das zweifellos ist." (*Referenzrahmen*, 17)

Punktesystem (das, -s, -e) = sistema de puntos. OBS: Dícese de la nueva carga crediticia que obtienen las asignaturas y seminarios dentro de los ECTS y cuyo cúmulo refleja el rendimiento académico logrado por el estudiante.

„Das Punktesystem. Keine Leistung ohne Punkte: Für Seminare, Vorlesungen oder Übungen erhalten die meisten Bachelor- und Master-Studierenden so genannte Credits." (*Deutschland*, Nr. 1, Februar/März 2007, 22)

Referenzniveau (das, -s, -s) = nivel común de referencia.

„Es hat sich jedoch schon gezeigt, dass ein System von Referenzniveaus als Kalibrierungsinstrument besonders von Praktikern aller Art begrüßt wird, die es, wie in vielen anderen Arbeitsbereichen auch, vorteilhaft finden, mit stabilen und anerkannten Mess- und Formatstandards zu arbeiten." (*Referenzrahmen*, 172)

(*Gemeinsamer europäischer*) Referenzrahmen für Sprachen (der, -s, -) = Marco Común Europeo de Referencia para las Lenguas: aprendizaje, enseñanza y evaluación.

„Der *Gemeinsame europäische Referenzrahmen* stellt eine gemeinsame Basis dar für die Entwicklung von zielsprachlichen Lehrplänen, curricularen Richtlinien, Prüfungen, Lehrwerken usw. in ganz Europa." (*Referenzrahmen*, 14)

Reliabilität (die, -, -en) = fiabilidad.

„Reliabilität hingegen ist ein technischer Begriff. Er bedeutet im Prinzip das Maß, in dem bei zwei getrennten (echten oder simulierten) Durchläufen des gleichens Tests unter den Kandidaten die gleiche Rangfolge erzielt wird." (*Referenzrahmen*, 172)

Schmalspur-Studium (das, -s, -ien) = itinerario específico. OBS: El vocablo hace referencia al itinerario universitario excesivamente teórico y, en este sentido, limitado o poco rentable al no preparar al estudiante con vistas a su empleabilidad y desempeño práctico.

„Der Bachelor soll kein Schmalspur-Studium sein, sondern für einen Beruf qualifizieren." (*Deutschland*, Nr. 1, Februar/März 2007, 23)

Schnellläuferklasse (die, -, -n) = la clase de los aventajados.

"Sie sind erst 14 und 13 Jahre alt und schon in der zehnten Klasse. ‚Schnellläuferklasse', sagen sie, als sei das nichts Besonderes." (*Presse und Sprache* Nr. 609, November 2007, 3)

School Talk (der, -s, -s) = (anglicismo) charla escolar.

"Im Klassenzimmer finden die School Talks statt, ein Projekt, bei dem Persönlichkeiten mit Migrationshintergrund, die auch in Wedding aufgewachsen sind, für einen Tag den Job der Lehrer übernehmen und den Schülern erzählen, wie sie es geschafft haben, trotz schwieriger Ausgangslage etwas aus ihrem Leben zu machen." (*Presse und Sprache* Nr. 615, April 2008, 10)

School Talker (der, -s, -s) = ponente escolar. OBS: La expresión *Talker* abreviada, procedente del anglicismo *Talkmaster*, ya se ha incorporado al diccionario alemán si bien sigue generando numerosos compuestos nuevos del tipo: **School Talker**, **School-Talk-Projekt**, etc.

"Das betretene Schweigen bricht er, indem er Morgan Domingos ankündigt, erfolgreiches Fotomodell und School Talker des Tages." (*Presse und Sprache* Nr. 615, April 2008, 10)

Schwellenniveau (das -s, -s) = nivel umbral.

"Auch oberhalb des Schwellenniveaus (*Threshold Level, Niveau-Seuil, Kontaktschwelle*) bestehen Bedürfnisse nach allgemeinen Qualifikationen, die man zum *Referenzrahmen* in Bezug setzen kann." (*Referenzrahmen*, 19)

Sprachenpass (der, -es, -¨e) = pasaporte de lenguas. OBS: Neologismo que hace referencia al documento que detalla los idiomas que domina una persona, con qué nivel de escritura, habla y comprensión y sus estancias en el extranjero.

"Der Europass – Sprachenpass bietet Ihnen die Möglichkeit, die eigenen Sprachkenntnisse – Kenntnisse, die für das Lernen und Arbeiten in Europa unerlässlich sind – detailliert darzustellen." (http://europass.cedefop.europa.eu)

Sprachkompetenz (die, -, -en) = dominio de la lengua.

"*Anhang A* behandelt die Entwicklung von Deskriptoren für Sprachkompetenz." (*Referenzrahmen*, 13)

Sprachstandstest (der, -s, -s) = evaluación del aprovechamiento lingüístico.

„Ein Sprachstandstest (auch: Leistungstest, *achievement test*) überprüft, ob bestimmte Ziele erreicht wurden; er überprüft also, was unterrichtet worden ist." (*Referenzrahmen*, 178)

Standardsabschluss (der, -es, -¨sse) = título estándar. OBS: Dícese de la titulación convalidada y reconocida por todos los Estados europeos en la uniformización de las carreras.

„Ziel: ein stärker verschultes, kürzeres Studium mit einem höheren Praxisbezug – und ein weltweit bekannter Standardabschluss." (*Presse und Sprache* Nr. 611, Dezember 2007, 10)

Standortkonkurrenz (die, -, sin pl.) = la competitividad lugareña. OBS: El vocablo hace referencia a la rivalidad entre los lugares, regiones o zonas que desencadenará el EEES.

„Offen das Wort ‚Standort-Konkurrenz' auszusprechen, in dem nach angelsächsischem Vorbild alle mit allen konkurrieren – die Staaten, die Hochschulen, die Professoren, die Studierenden – kommt manchem ‚Alt-Akademiker' noch schwer über die Lippen, doch die Beweislage ist erdrückend." (*Deutschland*, Nr. 1, Februar/März 2007, 3)

Studienabkommen (das, -s, -) = (de la voz inglesa *learning agreement*) compromiso / convenio de estudios.

„Liegt die Genehmigung der Leitung des Studienbereichs vor und wurde das Studienprogramm von der ECTS-Fachbereichskoordinatorin genehmigt, hat die Studierende dem Internationalen Büro HGKZ diese Unterlagen einzureichen: eine Bewerbung bestehend aus Bewerbungsschreiben, Curriculum vitae, Empfehlungsschreiben und Mappe (Portfolio); ein Antragsformular; eine Datenabschrift; ein von der HGKZ und von der Studierenden unterzeichnetes Studienabkommen."
(http://www.zhdk.ch/fileadmin/data_zhdk/International_Office/A69.Austausch. Gastsem.RL.pdf)

B – Bildungswesen

Studiengebühr (die, -, -en) = tasas universitarias. OBS: Este término se emplea casi exclusivamente en plural.

„Der nordrhein-westfälische Gesetzesentwurf zur Einführung von Studiengebühren ist einem Rechtsgutachten zufolge verfassungswidrig." (*Kölner Stadt-Anzeiger*, Online-Ausgabe, 29.11.2005: http://www.ksta.de/html/artikel/1133246813674.shtml)

24-Stunden-Rundumbetreuung (die, -, -en) = trabajos académicos tutelados las 24 horas del día.

„Im Übrigen bin ich kein Anhänger einer 24-Stunden-Rundumbetreuung. Ein gewisses Maß an akademischer Freiheit [...] ist Teil des akademischen Bildungsprozesses." (*Deutschland* Nr. 1, Februar/März 2007, 21)

Undergraduate-Studiengang (der, -es, -¨e) = estudios inferiores al grado. OBS: Dícese de la carrera de cuatro años de duración, inferior al grado y a la antigua licenciatura, es decir, equivalente a la diplomatura antigua.

„Auch die neuen, meist dreijährigen Bachelor-Studiengänge in Europa unterscheiden sich deutlich von den vierjährigen Undergraduate-Studiengängen in den USA mit ihrer ‚liberal arts-Komponente'." (*Deutschland* Nr. 1, Februar/März 2007, 20)

Unisponsoring (das, -s, sin pl.) = patrocinio de universidades. OBS: Debido la difícil situación económica por la que atraviesan muchas universidades alemanas, éstas se ven obligadas a aceptar ayudas de empresas alemanas, lo cual ha generado dicha acepción neológica.

„ALDI Hörsaal und easy credit Auditorium. Die Wirtschaft entdeckt die Universitäten als Werbefläche und betreibt ‚Unisponsoring'."
(http://www.efors.eu/news/education/index.html?lang=depage=1)

Zentralabitur (das, -s, -e) = bachillerato central.

„Die Einführung eines Zentralabiturs soll nach den Zielvorstellungen der Grünen im nordrhein-westfälischen Landtag um ein Jahr auf 2008 verschoben werden." (*Kölner Stadt-Anzeiger*, Online-Ausgabe, 30.11.2005: http://www.ksta.de/html/artikel/1132657894949.shtml)

Zertifizierung (die, -, -en) = certificación.
„Damit arbeitet man in Richtung auf *modulares* Lernen und modulare Zertifizierung." (*Referenzrahmen*, 170)

E

- ♦ **Ernährung**
  - **Essen und Trinken**
  - **Gastronomie**

(Alimentación: Comida y bebida, Gastronomía)

Alkopops (sust. pl.) = bebidas alcólicas de alta graduación mezcladas con refrescos. „Aber keinen Schnapps, keine Alkopops, keinen Wein." (*Presse und Sprache* Nr. 598, November 2006, 11)

Biogans (die, -, -¨e) = ganso ecológico. „Die Biogans außen und innen salzen, pfeffern und mit etwas Majoran einreiben." (http://biogans.at/index.php?option=com_content&task=blogsection&id=8&Itemid=32)

Biolimo (die, -, -s) = limonada ecológica. „Die Vöslauer Biolimo erfüllt alle Bedürfnisse der gesundheitsbewussten Ernährung." (http://www.voeslauer.com/1_4_3_biolimo.html)

Bionade (die, -, -n) = bionada. OBS: Ocasionalismo creado en analogía con la voz *Limonade* (= limonada o naranjada). El nombre es, a su vez, marca comercial de una nueva bebida refrescante con ingredientes provenientes de la agricultura ecológica. „Die Grundstoffe der Bionade sind mit Gerste und Wasser dieselben wie beim Bier. Während aber Cola und Limonade sonst auf der Basis von Phosphosäure entstehen, wird hier mit Enzymen aus Malzzucker Glucosäure hergestellt [...]. (*Berliner Zeitung* 15.3.2006. En: *Presse und Sprache* Nr. 592, Mai 2006, 1)

Biozutat (die, -, -en) = ingrediente ecológico. OBS: Tras la explosión del concepto *Bio-* como modo de vida saludable, donde prima la calidad de los productos de cultivo biológico, empiezan a triunfar nuevos términos tales como, **Biotrend, Bioboom, Bioboomjahr, Biooffensive, Bioladen, Biokost, Bioerzeuger, Bioland, Biomilch**, etc.

„... und auch viele Restaurants entscheiden sich für den kompletten Austausch einer konventionell erzeugten Zutat durch eine Biozutat."
(http://www.wdr.de/tv/service/essentrinken/inhalt/20060324/b_5.phtml)

Bistronomie (die, -, sin pl.) = bistronomía. OBS: El término surge de la contracción de /*bistro*/ y /*gastronomie*/ y alude a la cocina moderna y divertida que se tarifa a bajo precio (low-cost) y que se dirige al gran público.

„Bistronomie - Französische Spitzenküche trifft einfache Lebensart: Das Bistro gilt als Inbegriff der französischen Lebensart. In kleinen, schlicht eingerichteten Lokalen treffen sich Einheimische und Touristen auf einen Kaffee oder ein Glas Wein, die Speisekarte ist überschaubar, die Mahlzeiten bodenständig, die Atmosphäre [...]."   (http://www.kochmix.de/kochmagazin-bistronomie--franzoesische-spitzenkueche-trifft-einfache-lebensart-318.html)

Experimentalkoch (der, -es, -¨e) = cocinero experimental.
„Spektakulärer noch: die Teilnahme des spanischen Experimentalkochs Ferrán Adrià." (*Deutschland* Nr. 2, April/Mai 2007, 31)

Kochbuchportal (das, -s, -e) = portal de recetas de cocina.
„Gräfe und Unzer will zum 1. Dezember ein Kochbuchportal (kuechengoetter.de) starten, mit 10000 Rezepten aus dem eigenen Fundus sowie der Hilfe von Food." (http://www.perlentaucher.de/buchmacher/2007-10-22.html)

Männeressen (das, -s, -sin pl.) = comida para hombres. OBS: El campo conceptual del lexema abarca colateralmente el significado de una comida calórica, rica en grasas e hidratos de carbono, preferida tradicionalmente por los hombres.

„Gab es früher ‚Männeressen' wie Braten, Kartoffeln und Bohnen, wenn der Alleinverdiener seine Füße unter den Mittagstisch streckte, stehen da heute Milchreis, Fischstäbchen oder Nudeln, wenn sich Mutter und Schulkinder zum Essen treffen." (*Presse und Sprache* Nr. 601, Februar 2007, 11)

E – Ernährung

Schaumkrone (die, -, -n) = espuma. OBS: La construcción es un ejemplo de catacresis neológica y se utiliza para designar la corona producida por la espuma de la cerveza o el capuchino.

„Allerdings konnte neben den Stubenfliegen auf den Capuchino-Schaumkronen auch der Geruch der Pferde stören." (*Presse und Sprache* Nr. 598, November 2006, 5)

Slow Food (das, - [s], -s) = (voz inglesa) comida lenta. OBS: El movimiento *slow food* nació en los ochenta como reemplazo de la hamburguesería industrial. El vocablo resurge ahora con un nuevo concepto añadido, el de "sana lentitud a la mesa", desarrollado en oposición a *Fast Food* (comida rápida) que aboga por un estilo y tipo de alimentación más sana, de mejor calidad, de sobremesas compartidas y con menos prisas.

„Das Logo von Slow Food ist die Schnecke, sie ist ein Symbol für die Langsamkeit, für die Zeit, die man sich beim Essen nehmen soll." (*Presse und Sprache* Nr. 606, Juli 2007, 2)

US-Fast-Food-Riese (der, -n, -n) = el gigante norteamericano de la comida rápida. OBS: En el sentido que aquí se emplea se refiere a la cadena de comida rápida McDonald's.

„Über das Geschäftsergebnis äußert sich McDonald's Deutschland als Teil des börsennotierten US-Fast-Food-Riesen nicht." (*Presse und Sprache* Nr. 604, Mai 2007, 7)

F

- **Fahrzeugwesen und Verkehrswesen**
- **Die Auto-Welt**
- **Luftschifffahrt**
- **Schifffahrt**

(Locomoción y Transporte: El mundo del automóvil, transporte aéreo y marítimo)

Abstandsregler (der, -s, -) = regulador de distancia.
„Eine weitere sinnvolle, und als angenehm empfundene, jedoch primär der Sicherheit dienende elektronische Unterstützung boten der Abstandsregeler (ACC), der Spurhalter (LGS), ESP sowie der Tempomat." (*Auto, Motor, Sport*, 6/2007, 48)

Abstandwarner (der, -s, -) auch **Einparkhilfe (die, -, -n)** und **Park-Distance-Control (PDC)** = sensor de aparcamiento.
„Beim SL ist es auch möglich, nur den Abstandwarner (ohne Tempomat) zu aktivieren. Ist ein sehr sinnvolles Goodie, da der Wagen sich meldet, wenn man zu nah auffährt..."
(http://www.7-forum.com/forum/showthread.html?p=353707)

Ampeljogging (das, -s, sin pl.) = atletismo del semáforo. OBS: Expresión figurada y familiar empleada para aludir a los peatones que deben realizar verdaderos juegos malavares para cruzar la calle a tiempo, mientras el semáforo está en verde. La creación neológica se produce por alusión al deportista que practica footing.
„Extrem kurze Grünphasen zwingen zum munteren Ampeljogging, Mütter mit Kindern und Rentner werden gnadenlos per Hupe von der Straße gejagt."
(http://www.rp-online.de/hps/client/opinio/public/pjsub/production_long.hb

s?hxmain_object_id=PJSUB::ARTICLE::175266hxmain_category=::pjsub::op inio::0.000000home)

Ampelkriecher (der, -s, -) = dominguero de ciudad. OBS: Expresión humorística que hace referencia al conductor que se desplaza a velocidades muy lentas por ciudad.
„Ampelkriecher behindern den Verkehr in den Städten." (*ADAC-Magazin* 3/2007, 26)

Benzinklau (der, -s, sin pl.) = el robo de gasolina.
„Aufgrund der gestiegenen Benzinpreise denke ich, dass in naher Zukunft wohl vor allem die Tankstellen mit Benzinklau rechnen müssen."
(http://forum.stadtlist.de/auto/15110-benzinklau-1.html)

Biodiesel (der, -s, -) = biodiésel.
„Biodiesel liegt im Trend. Mit einem Anteil von etwa sieben Prozent an der Gesamtmenge des verkauften Dieselkraftstoffes rangiert Biodiesel an der Spitze der marktfähigen Biokraftstoffe in Deutschland."
(http://www.biokraftstoffverband.de/vdb/biodiesel/marktdaten.html)

Biokraftstoff (der, -es, -e) = biocombustible (para el transporte). OBS: En relación con este concepto surgen palabras que denominan una nueva realidad – por ejemplo en la política para la protección medioambiental - de cómo generar combustible biológico. Este dinamismo lingüístico se refleja en **Road Map Biokraftstoffe**, **Biosprithunger**, **Biosprit**.
„Um die Beimischungsquoten zu erreichen, setzt die Bundesregierung zudem vor allem auf die synthetische Herstellung von Biokraftstoffen der zweiten Generation (BtL)." (*Presse und Sprache* Nr. 612, Januar 2008, 7)

Biosprit (der, -(e)s, raramente pl. en -e) = biofuel. OBS: El término alude a una nueva fuente de energía, el combustible biológico, como combustible alternativo para la tracción de automóviles.
„Die Bundesregierung will den Anteil von Biosprit in Benzin und Diesel in den nächsten Jahren verdoppeln." (*Presse und Sprache* Nr. 612, Januar 2008, 7)

Dieselpartikelfilter (der, -s, -) auch **Dieselrußpartikelfilter (der, -s, -)** = filtro de partículas de hollín.

„Wir bieten den wartungsfreien Dieselpartikelfilter bei allen Dieselmotoren des Opel Astra, Zafira, Vectra und Signum serienmäßig an. Und auf Wunsch rüsten wir alle 1.3 CDTI und 1.7 CDTI-Motoren mit einem Dieselpartikelfilter nach." (Homepage Opel:
http://www.opel.de/meetopel/opelactual/specials/dpf/content.act)

Ein-Liter-Auto (das, -s, -s) = coche de un litro.

„Am Ende seiner Ära als Konzernchef ließ er das Ein-Liter-Auto entwickeln und absolvierte im April 2002 selbst die Jungfernfahrt." (*Presse und Sprache* Nr. 611, Dezember 2007, 7)

Hybridfahrzeug, también **hybrides Fahrzeugmodell, (das, -s, -e)** = coche híbrido.

„'In 15 bis 20 Jahren werden 75 % aller Automobile Hybridfahrzeuge sein, die elektrische Energie mit thermischem Antrieb kombinieren; die restlichen 25% werden vollkommen elektrisch sein', erklärt Gaston Maggetto, Professor für Elektrotechnik an der Université Libre de Bruxelles und Vorsitzender des AVERE (europäischer Verband des elektrischen Straßenfahrzeugs), die über 500 Mitglieder - Forschungszentren, Automobilhersteller, Energielieferanten, Ausrüster, Benutzer usw. - umfasst."
(http://www.ec.europa.eu/research/rtdinf21/de/clean-car.html)

Low-Cost-Fahrzeug (das, -s, -e) = modelos low cost. OBS. En la era actual triunfa muy especialmente el fenómeno de los coches de bajo coste, por lo que el concepto se impone cada vez más.

„Noch nie gestaltete sich das Exponaten-Spektrum so breit - vom Low-Cost-Fahrzeug zum rassigen Supersportwagen und was so dazwischen liegt - war alles zu bestaunen."
(http://www.speedheads.de/auto/specials/auto_salon_genf_2008_das_special_mit_grosser_fotogalerie-4888)

F – Fahrzeugwesen und Verkehrswesen

Nachrüstpartikelfilter (der, -s, -) = filtro de partículas opcional. OBS: Nueva expresión que hace referencia a la posibilidad, que ofrecen las empresas automovilísticas de hoy en día, de equipar un coche posteriormente con filtro de partículas.

„Wartungsfreie Nachrüstpartikelfilter bietet der Automobilimporteur Peugeot jetzt für seine Dieselmodelle an."
(http://www.auto-xxl.de/unternehmen.html?b=63947&ag=GP)

Navigationssystem (das, -s, -e) = sistema de navegación.

„Er liefert neben Navigations- und Soundsystem auch die Bedienmöglichkeit für die elektrische Klimaautomatik und Informationen über den Betriebszustand des Hybridmotors." (*Süddeutsche Zeitung*, Online-Ausgabe, 22.04.2006: http://www.sueddeutsche.de/automobil/artikel/838/64774/2/)

Offroader (der, -s, -) = fuera pista. OBS: Término creado por alusión a *Offshore*.

„Mit einer völlig neuen Frontpartie wirkt der neue Offroader wesentlich dynamischer als der Vorgänger." (*Rheinische Post*, Online-Ausgabe, 9.12.2004: http://www.rp-online.de/public/article/nachrichten/auto/71531)

Vielflieger (der, -s, -) = pasajero que viaja recurrentemente en avión.

„Manche Airline wechselt alle zwei Wochen das Hauptgericht, damit die geschätzten Vielflieger genug Abwechslung erfahren." (*Deutschland* Nr. 3, Juni/Juli 2006, 65)

Zwei-Zylinder-Maschine (die, -, -n) = motor de dos cilindros.

„Angetrieben werden soll das Fahrzeug von einer Zwei-Zylinder-Maschine." (*Presse und Sprache* Nr. 611, Dezember 2007, 7)

♦ Farben

(Colores[11])

blau-weiß-orange-gemustert (adj.) = estampado de color azul, blanco y naranja. OBS: Construcción compleja obtenida mediante un proceso compositivo de tipo copulativo. Se trata de una variación libre puesto que cualquier combinación cromática sería posible.

„Für die Couch suchte ich eine blau-weiß-orange-gemusterte Baumwolldecke aus […]." (Barbara Noack, *Brombeerzeit*, 206)

Bonbonfarben (en pl.) (die Farbe, -, -n) = colores chicle, caramelo

cranberryfarben (adj.) = de color arándano rojo. OBS: Formación parentética híbrida.

cremefarben (adj.) = de color crema

electric-blue (adj.) = de color azul eléctrico

elfenbeinbleich (adj.) = color marfil pálido.
„Ich strich mit der Hand über plissierte, elfenbeinbleiche Seide, […]."(Barbara Noack, *Brombeerzeit*, 41)

Fliederfarbe (die, -, -n) = el color violeta

grausilber (adj.) = de color plata grisácea

---

[11] En la mayoría de las composiciones cromáticas aquí presentadas, los autores hemos prescindido de la frase ejemplar porque en la mayoría de los casos, los adjetivos aparecen dentro de un sintagma nominal, como calificativos y adyacentes al nombre. En ellos cabe hacer, por consiguiente, una lectura relacional: *cremefarbene Seidenbluse, pinkfarbener Kaschmirbolero, roséfarbenes Kleid, schwarz-weißes Tupfenkleid, steinfarbenes Viskosekleid, puderfarbenes Stretchkleid, korallfarbene Bluse, Ballerinas mit Metallic-Effekt, zweifarbige Lederausstattung,* etc. La fuente de la que proceden estos ejemplos son de revistas de moda de amplia tirada y muy conocidas entre el público femenino: *Brigitte* 2007/2008, *Freundin* 2007/2008, *Für Sie* 2007/2008.

honigfarben (adj.) = color miel

kobaltblau (adj.) = azul cobalto

korallfarben (adj.) = color rojo coral

leuchtturmrot (adj.) = color rojo como el de los faros

mauvefarben (adj.) = color malva

Metallic-Effekt (der, -(e)s, -e) = con efectos metálicos

metallic-weiß (adj.) = blanco metálico

Nude-Töne (en pl.) (der Ton, -es, -¨e) = tonos crudos, tonos naturales.
„Nude-Töne. So echt. Ihre Lippen sind geschmeidig, strahlend und perfekt."
(Anuncio de la marca de cosméticos *Jade*)

orangebraun (adj.) = marrón anaranjado

orange-rot (adj.) = de color rojo anaranjado

pastellgrün (adj.) = verde pastel

pinkfarben (adj.) = de color rosa

power-pink (adj.) = rosa intenso, rosa fuerte/poderoso

puderfarben (adj.) = tonos como los del colorete en polvos o de los polvos de la cara

roséfarben (adj.) = rosado

rosenholzfarben (adj.) = de color rosa palo

sandfarben (adj.) = de color arena

schimmer-türkis (adj.) = turquesa brillante

schmutziggrau (adj.) = gris sucio, turbio.

„Jede bestand aus einer zerstörten Silhouette, einem schmutziggrauen Bahnsteig, tiefen eisigen Tunneln und einer Wartehalle." (Barbara Noack, *Ein Stück vom Leben*, 201)

silberblau (adj.) = azul plata/plateado

silbrigweiß (adj.) = blanco plateado

smaragdgrün (adj.) = verde esmeralda

Sonnenfarben (en pl.) (die Farbe, -, -n) = colores (vivos) del sol

sonnengelb (adj.) = amarillo solar

steinfarben (adj.) = de colores pétreos

tintenblau (adj.) = azul tinta

tizianrot (adj.) = rojo tiziano. OBS: Expresión en la que el color rojo es comparado con el empleado por el pintor Tiziano. Se trata de un compuesto determinativo en el que el elemento es un nombre propio.

„Das in die Jahre gekommene Puppengesicht, von tizianroten Locken gerahmt, erinnerte mich an jemand, […]." (Barbara Noack, *Brombeerzeit*, 56)

unifarben (adj.) = unicolor, de un solo color

Zuckerwatte-Rosé (das, -(s), -(s); (rosé Farbe) = el color rosa de las nubes de azúcar

♦ **Freizeit und Unterhaltung**
• **Hobbys**

(Ocio y entretenimiento, aficiones)

After Work-Führung (die, -, -en) = visitas guiadas para después del trabajo. OBS: Formalmente se trata de una construcción híbrida formada por un anglicismo y una palabra alemana.
„Aber auch an normalen Museumstagen laden viele Häuser zu ungewöhnlichen Begegnungen mit der Kunst ein, seien es Clubnächte oder After Work-Führungen." (*Deutschland* Nr. 3, Juni/Juli 2006, 30)

Bollywood (das) = bollywood. OBS: Nombre propio referido a la meca del cine indio o, también, a las películas y series producidas por otros países, como Paquistán o Turquía, en imitación a la industria cinematográfica norteamericana de Hollywood.
„Etwa 80 verschiedene Serien produziert das türkische Bollywood jährlich." (*Presse und Sprache* Nr. 604, Mai 2007, 9)

Dinnershow (die, -, -s) = cena-espectáculo o espectáculo-cena.
„Von Herbst 2006 an lädt der Spitzenkoch zusammen mit dem Circus Roncalli in mehreren deutschen Städten zu ‚Bajazzo' ein, einer magischen Dinnershow." (*Deutschland* Nr. 3, Juni/Juli 2006, 23)

Erlebnispark (der, -s, -s) = parque temático.
„Mit 130 Stundenkilometern in die Tiefe rauschen, eine Reise zu den Sternen oder eine Dschungelsafari in Norddeutschland, die Freizeit- und Erlebnisparks sind Paralleluniversen, in denen der Spaß regiert." (*Deutschland* Nr. 3, Juni/Juli 2006, 29)

Flatrate-Angebote = "ofertón" de barra libre. OBS: Expresión utilizada para significar "hartarse de beber alcohol" a un precio módico y único. *Flatrate* se incorpora a numerosos compuestos dando lugar a **Flatrate-Kneipen, Flatrate-Trinken**.

„Deshalb nutzen viele die so genannten Flatrate-Angebote: Trinken bis zum Umfallen, zum Festpreis." (*Presse und Sprache* Nr. 604, Mai 2007, 10)

Flatrateparty (die, -, -s) = fiesta con barra libre.

„Die Länderinnenminister der Unionsparteien fordern vom Bund eine Änderung des Jugendschutzes, um so ein Verbot so genannter Flatrate-Partys zu erreichen." (http://www.ksta.de/html/artikel/1180590018259.shtml)

Flatratesaufen (das, -s, sin pl.) = borrachera de barra libre. OBS: Expresión de uso coloquial que también equivale a consumo masivo de alcohol.

„Flatratesaufen steht bei vielen Jugendlichen hoch im Kurs, bietet es doch die Möglichkeit, zu einem festen Eintrittsgeld ohne Begrenzung trinken zu können." (http://www.spd-mainz.de/nc/die-spd-in-mainz/aktuelles/details/artikel/flatratesaufen-der-neue-jugendsport/index.html?tx_ttnews%5BbackPid%5D=25)

Flatratetrinker (der, -s, -) = bebedor de barra libre. OBS: Se refiere al consumidor de alcohol que bebe en abundancia por un precio módico y único.

„... wer wieder nur meint eine Randgruppe identifiziert zu haben und dabei nicht erkennt, dass die Flatratetrinker und Komasäufer nur die Spitze des Eisbergs sind, sollte nicht solche Artikel schreiben." (http://kommentare.zeit.de/commentsection/url/online/2007/14/alkoholmissbrauch)

Gaming (das, -s, -s) = deporte electrónico o deporte del videojuego.

„Digitales Spielen, im Jargon auch Gaming genannt, ist zum Massenphänomen geworden." (*Presse und Sprache* Nr. 609, Oktober 2007, 6)

Hörbuch (das, -es, ¨er) también conocido como **E-Book (das, -s, -s)** = audiolibro.

„Bibel kommt als Hörbuch für den Ipod." (*Süddeutsche Zeitung*, Online-Ausgabe, 28.10.2005:
http://www.sueddeutsche.de/computer/artikel/388/63325/)

F – Freizeit und Unterhaltung 115

Internetmusikshop (der, -s, -s) = tienda de música online / en línea.
„Das Internetportal Web.de startet in der kommenden Woche einen eigenen Internet-Musikshop." (http://www.dipp.in/nachrichten/Webde-InternetMusikshop-11649060121.htm)

Killerspiel (das, -s, -e) = juego de asesinos. OBS: El término hace referencia a los juegos de videoconsola donde el tema principal son los asesinatos.
„Killerspiele wie Counterstrike können fatale Wirkung auf Jugendliche haben." (*Presse und Sprache* Nr. 600, Januar 2007, 5)

Klassikpop-Trio (das, -s, -s) = trío de música clásica-pop. OBS: Vocablo con inferencias culturales, es decir, de tipo extralingüístico, referido al conocido grupo "Il Divo" integrado por tres vocalistas que cantan canciones clásicas y de ópera con tintes de música pop.
„Den zweiten offiziellen WM-Song ‚Time of our lives' interpretiert das Klassikpop-Trio ‚Il Divo'." (*Deutschland* Nr. 3, 2006 Juni/Juli, 19)

Raucherparty (die, -, -s) = fiesta para fumadores. OBS: Debido a la ley que prohibe fumar en lugares destinados al público en muchos de los estados federales alemanes se organizan actualmente fiestas "compensatorias" para fumadores.
„Das Magazin der ‚Süddeutschen Zeitung' umgeht das Rauchverbot kreativ: Es verlost eine Raucherparty." (http://diepresse.com/home/panorama/welt/354068/index.do)

Second Life (das, -s, sin pl.) = vida paralela, también se conoce por segunda vida. OBS: El término está muy extendido entre los consumidores de videojuegos. *Second Life* es, en realidad, un nombre propio que da título a un videojuego que emula la vida misma en un mundo tridimensional. Es lo último en realidad virtual donde los participantes imitan la vida que les gustaría tener.
„Dabei sein ist alles. Auch die Medien nisten sich im Online-Spiel Second Life ein – noch weiß niemand, wo das hinführt." (*Presse und Sprache* Nr. 604, Mai 2007, 2)

Shisha (die, -, -s) = pipa para drogarse. OBS: Voz árabe que viene a significar pipa de agua. Originariamente concebido para fumar tabaco, el término se emplea aquí como una nueva forma de drogarse, más concretamente, fumando la droga.

„Für immer mehr Jugendliche gehört das gemütliche Schmauchen einer Wasserpfeife – auch Shisha genannt – zur Abendgestaltung." (*Presse und Sprache* Nr. 608, September 2007, 11)

G

- ♦ **Geräte**
- • **Material**
- • **Werkzeug**

(Aparatos: Material y herramientas)

Audioplayer (der, -s, -) = audioplayer. OBS: En español también se conserva el anglicismo.
„Der kostenlose Audioplayer gibt eine Vielzahl von unterschiedlichen Audioformaten wieder und ist so eine praktische Alternative zum Mediaplayer." (http://www.pcwelt.de/downloads/grafik_videomultimedia/105654/)

Bildschirmfenster (das, -s, -) = ventana en la pantalla.
„Details können dann dargestellt und betrachtet werden, indem man die verschiedenen Schichten des Systems nach unten geht, aber immer ist das, was man anschaut auf ein oder zwei Bildschirmfenster bzw. auf ein bis zwei Blatt Papier beschränkt." (*Referenzrahmen*, 48)

Digitalspiegelreflex (die, -, sin pl.) = cámara Reflex Digital.
„Meine Ausrüstung besteht aus der 8 Millionen Digitalspiegelreflex Canon EOS 30D." (http://www.sebcon.de/index.php?page=ueber_mich)

Flachbildschirm (der, -es, -e) = pantalla plana.
„UWB könnte den Flachbildschirm mit dem TV-Tuner, den Fernseher mit dem DVD-Player und den Computer mit Kamera und Drucker verbinden." (*Süddeutsche Zeitung*, Online-Ausgabe, 27.02.2006: http://www.sueddeutsche.de/computer/artikel/650/70580/)

Fotohandy (das, -s, -s) = móvil con cámara integrada.

„Nach der Tat hatten die Jugendlichen nach eigenen Angaben ihre blutverschmierten Schuhe mit einem Fotohandy abgelichtet und die Bilder im Freundeskreis gezeigt." (*Express*, Online-Ausgabe, 04.07.2005:
http://www.express.de/servlet/Satellite?pagename=XP/index&pageid=1004370 693564&rubrik=220&artikelid=1117300347535&regid=1)

Freisprecheinrichtung (die, -, -en) = (equipo de) manos libres.

„Verboten ist es zudem, beim Fahren zu telefonieren (außer mit Freisprecheinrichtung)." (*Rheinische Post*, Online-Ausgabe, 12.6.2007: http://www.rp-online.de/public/article/aktuelles/auto)

Handyfernsehen (das, -s, sin pl.) = telemóvil. OBS: Expresión que da nombre al móvil de última generación con televisor incorporado.

„Herstellerallianz will Handyfernsehen vorantreiben." (*Computerwoche*, 23.01.2006:
http://www.computerwoche.de/knowledge_center/wireless/571202/)

Handyfreisprechanlage (die, -, -n) = kit de manos libres (referido aquí a la telefonía móvil).

„Die Krone des technischen Fortschritts der Neuzeit ist allerdings die Handyfreisprechanlage." (http://jetzt.sueddeutsche.de/texte/anzeigen/365487)

Heimkinoanlage (die, -, -n) = (equipo de) cine en casa. OBS: También se conoce por el compuesto híbrido integrado por el anglicismo y la palabra alemana **Homecinemaanlage (die, -, -n)**. Así pues, el término de nueva creación incorpora parcialmente una ampliación semántica de *Heimkino*; donde *Heimkino* se refería en un principio a la presentación de películas en casa mediante un pequeño proyector de cine y no a través de un aparato tan sofisticado como el que existe hoy en día en el mercado.

„Wer sich eine Heimkinoanlage anschaffen möchte, sieht sich daher keiner einfachen Aufgabe gegenüber." (http://www.hifi-regler.de/heimkino/heimkino-test.php?SID&SID=1ae9084510292acaa64ccfa393b32906)

G – Geräte 119

Kompakthandy (das, -s, -s) = móvil compacto/con diseño compacto.
"Wer noch kein Handy hat, kann zwischen drei mit der Tschibo-Hausmarke TCM gebrandeten Modellen wählen - einem Kompakthandy für knapp 40 Euro." (http://www.tecchannel.de/news/themen/business/420041/)

Konvergenztelefon (das, -s, -e) = teléfono convergente. OBS: Neologismo tecnológico que hace referencia a un nuevo modelo de teléfono móvil con funciones inteligentes, tales como ver la televisión, mandar correos electrónicos, anotar fechas o datos en una agenda personal, etc.
"Mit einem so genannten 'Konvergenztelefon' will die Deutsche Telekom an Mobilfunkbetreiber verloren gegangene Festnetzkunden zurückgewinnen." (http://www.pcfreunde.de/news/detail-2722)

Mini-Laptop (das/der, -s, -s) = ultraportátil. OBS: El término designa una nueva generación de portátiles UMPC muy pequeños del tamaño de un libro de bolsillo.
"Asus stellt Mini-Laptop in Deutschland vor."
(http://winfuture.de/index.php?page=wfv4%2Fnews%2Fnews-suche-google.php&keineboxen=1&cx=001589123709424097799%3Asbdrzmcykc8&cof=FORID%3A11&q=Asus+stellt+Mini-Laptop+in+Deutschland+vor+more%3Anews#1557)

Multimedia-Handy (das, -s, -s) = móvil multimedia. OBS: Nueva denominación para los móviles más actuales con los que además de hablar se puede chatear, ver la tele y escuchar música al incorporar potentes reproductores de MP3, incluso con función karaoke. Se trata de verdaderos equipos multimedia.
"Nokia N95 8GB: Das Multimedia-Handy mit der besten Ausstattung der Welt." (*Frankfurter Allgemeine Zeitung*, Online-Ausgabe, 21.11.2007, http://www.faz.net/s/Rub36B71B0E8E5C46E9AFBAF4B7B12FC9C5/Doc~EDE653371667C44D3BAB1E5A1FEF20D4A~ATpl~Ecommon~Scontent.html)

Organischer Leuchtdiod (der, -en, -en) = LED orgánico. OBS: Deriva del concepto *Led* que actualmente se utiliza en la ciencia. Más concretamente, *Oled* es un calco semántico de la voz anglosajona, *Organic light emitting diodes,* para referirse a una nueva forma de iluminación de bajo consumo energético. Este término, que metafóricamente recibe también el nombre de *flaches Leuchtwunder,* produce, a su vez, en el ámbito de la electricidad nuevos y diversos compuestos como: **Oledinitiative, Oled-Leuchte**.

„Organische Leuchtdioden, kurz Oleds genannt, werden das ermöglichen. ‚Bereits in etwa 15 Jahren wird es leuchtende Tapeten, Rollos und Vorhänge geben – zu bezahlbaren Preisen', sagt Dietrich Bertram von der Philips GmbH in Aachen." (*Presse und Sprache* Nr. 606, Juli 2007, 6)

♦ Geschichte

• Vergangenheit und Ereignisse

• Schriftliche Überlieferung

(Historia: Pasado y acontecimientos, testimonio escrito)

altbundesrepublikanisch (adj.) = todo aquello referido a la República Federal de Alemania antes de la reunificación.

„Weltabgewandte Provinzialität – das ist eine böse aber zutreffende Charakterisierung des altbundesrepublikanischen rot-grünen Projekts, dem die Deutschen, auch hier verspätete Nation, nach den verkasperten neunziger Jahren noch einmal eine Chance geben wollten." (*Die Welt*, Online-Ausgabe, 25.10.2006: http://www.welt.de/data/2006/10/25/1086324.html)

Genderforschung (die, -, -en) = estudios de género. OBS: Compuesto híbrido que incluye la voz inglesa "Gender" y conserva, además, su pronunciación.

„Was aber genau ist denn typisch männlich und typisch weibliches Verhalten? Und gibt es das überhaupt? Ja, sagt die Genderforschung, die sich mit Geschlechterrollen befasst." (*Presse und Sprache* Nr. 608, September 2007, 10)

Ostalgie (die, -, sin pl.) = sentimiento de nostalgia y añoranza por la antigua RDA. OBS: Acuñación neológica, en realidad compuesta de *Osten* y *Nostalgie* mediante un proceso de *Wortkreuzung* o cruce de palabras, y con marcados tintes culturales propios del país. Nótese la creatividad humorística que deriva al elidir la primera letra de la palabra *Nostalgie*.

„Dass man mit Ostalgie kein Magazin bei den Kindern etablieren kann, weiß die Redaktion." (*Berliner Zeitung*, Online-Ausgabe, 26.04.2005: http://www.berlinonline.de/berliner-zeitung/archiv/.bin/dump.fcgi/2005/0426 /medien/0028/index.html?keywords=Ostalgie;every=1;utf8=1;mark=ostalgie). También: „Einem Opferverband und der DDR-Bürgerrechtlerin Freya Klier passt die Ostalgie." (*Presse und Sprache* Nr. 609, Oktober 2007, 3)

Partyotismus (der, - , -men) = patriotismo festivo. OBS: Juego de palabras, que presenta el aspecto formal de un cruce de palabras, referido a las ganas por la fiesta, en este caso concreto por la *Loveparade*. La creatividad léxica se manifiesta aquí en su analogía con el vocablo *Patriotismus*.

„Aus Liebe zum Partyotismus. Als wäre die Loveparade nie weg gewesen: Mehrere Hunderttausend Menschen tanzten auf der Straße des 17. Juni." (*Presse und Sprache* Nr. 596, September 2006, 10)

Vivat-Stalin-Geschrei (das, -s, sin pl.) = gritos de ¡Viva Stalin! OBS: Nótese el procedimiento morfológico de transcategorización mediante el amalgamiento de palabras tan característico para formar creaciones *ad-hoc*.

„Als die Kellertür aufging, hörten wir Gröhlen und Vivat-Stalin-Geschrei." (Barbara Noack, *Ein Stück vom Leben*, 37)

- ♦ **Gesellschaft und Lebensstil**
- • **Menschliches Zusammenleben**
- • **Ehe**
- • **Familie**

   (Sociedad y modo de vida: Convivencia humana, matrimonio y familia)

Ausgangsland (das, -(e)s, -¨er) = país emisor.
„Die Konzeptionslosigkeit und lange Untätigkeit der Regierung sandte auch die falschen Signale an die oft wenig kooperationswilligen Ausgangsländer und die Menschenschmuggler." (*Frankfurter Allgemeine Zeitung*, 20.9.2006, Nr. 219, 1)

Ausweichkompliment (das, -s, -e) = un cumplido de evasiva/eufemístico.
„Aber es ist ein Ausweichkompliment. Man findet mich lieber schnell, um mich nicht gut finden zu müssen." (Barbara Noack (1996), *... und flogen achtkantig aus dem Paradies*, 49)

Azubi-Pate (der, -n, -n) = padrino de formación. OBS: En el coloquio se trata de una palabra con aplicación metafórica en la que subyace un elemento socio-cultural novedoso. La expresión alude a la persona jubilada que, de forma desinteresada, guía y ayuda a personas jóvenes en su itinerario formativo (profesional o académico).
„Seit der achten Klasse begleitet er Chantal, um ihr auf dem Weg in den Beruf zu helfen – als ‚Azubi-Pate'." (*Presse und Sprache* Nr. 601, Februar 2007, 100)

binationale Ehe (die, -, -n) = matrimonio binacional. OBS: Expresión que se refiere específicamente al matrimonio entre personas procedentes de países distintos.
„Die Zahl binationaler Ehen steigt. Weil es immer mehr Gelegenheiten gibt, Partner aus anderen Kulturen kennen zu lernen." (*Presse und Sprache* Nr. 605, Juni 2007, 5)

bikulturell (adj.) = bicultural.
„Es sind mehrere hunderttausend solcher bikultureller Paare, die in der Bundesrepublik leben, und man übertreibt kaum, wenn man sagt, dass auch durch sie und ihre Kinder das Innenmuster Deutschlands andere Farben angenommen hat." (*Kulturjournal* 3/05, 45)

Billigbestatter (der, -s, -) = funeraria barata o de baratija.
„… und der unvorbereitete Besucher kommt auf den ersten Blick nicht auf den Gedanken, dass es sich hier um einen Billigbestatter handelt."
(http://64.233.183.104/search?q=cache:0u8vAPVMlkUJ:ullsteinbuchverlage.d e/media/0000444900.pdf+Billigbestatter&hl=de&ct=clnk&cd=27&gl=de&lr=l ang_de)

Blinddate (das, -s, -s) = cita a ciegas.
„Du möchtest ein Blind Date? Hier triffst Du neue Singles."
(http://freundschaft.vivastreet.de/suche-freundschaft-anzeigen/blin-date-dinner-koln)

Bullying (también escrito **Buhling**) **(das, -s, sin pl.)** = bullying. OBS: Expresión que obedece a una nueva realidad social utilizada para referirse al acoso escolar perpetrado hasta consecuencia negativas entre los propios alumnos.
„Aggression unter Schülern, neuerdings als ‚Bullying' oder als ‚Mobbing' bezeichnet, ereignet sich 'in den kontrollschwachen Räumen hierarchisch strukturierter Systeme' (Smith 1994) über einen **längeren Zeitraum** als **systematische und wiederholte Aggression** gegenüber Schwächeren."
(http://arbeitsblaetter.stangl-taller.at/KOMMUNIKATION/Bullying.shtml)

G – Gesellschaft und Lebensstil

deutschfamiliär (adj.) = situación familiar en Alemania.

„Frau Detmers [...] hat den Männer-Preis ausgelobt, um die deutschfamiliäre Lage ein wenig zu verbessern – auf dass Mütter und Väter Erziehung und Arbeit vereinen können". (*Berliner Zeitung* 12.4.2006. In: *Presse und Sprache* Nr. 592, Mai 2006, 1)

Fotojournalismus (der, -men, -men) = fotoperiodismo.

„Seit fast jedes Handy eine eingebaute Mini-Kamera hat, ist solcher Fotojournalismus zum neuen Volkssport geworden." (*Presse und Sprache* Nr. 609, Oktober 2007, 8)

Garderobensäugling (der, -s, -e) = bebé de guardarropía. OBS: Expresión metafórica que se refiere al bebé criado entre bastidores o bambalinas mientras que sus padres trabajan.

„Ich war ein Garderobensäugling – tagsüber in den Ateliers und nachts in Bars." (Barbara Noack, ... *und flogen achtkantig aus dem Paradies*, 53)

Generation Google (die, -, -en) = generación Google. OBS: Expresión coloquial y metafórica para referirse a la generación de usuarios de internet o familiarizados con internet.

„Wir sind die Generation Google und ich versuche die Auswirkungen dieses damit verbundenen Verhaltens zu skizzieren."
(http://www.yigg.de/471524_Generation_Google)

Hund-beißt-Mann-am-Zaun-Problematik (die, -, -en) = la problemática suscitada en torno a los ataques de perros. OBS: Se trata de una construcción polilexical obtenida mediante amalgamiento de grupos sintácticos. En español, este tipo de formaciones necesariamente se parafrasean.

„Nun könnte man sagen, die Hund-beißt-Mann-am-Zaun-Problematik komme in Großstädten wie Berlin naturgemäß nicht so häufig vor wie auf dem Land. Doch auch dort ist die Zahl der Hundeattacken rückläufig." (*Berliner Zeitung* 23.12.2006. In: *Presse und Sprache* Nr. 589, 6)

interethnisch (adj.) = interétnico, entre dos etnias distintas.

„Der Verband erwartet, dass die Zahl interethnischer Ehen weiter steigen wird." (*Presse und Sprache* Nr. 605, Juni 2007, 5)

Interkulturalität (die, -, sin pl.) = interculturalidad.

„Die Sprachenlernenden erwerben nicht einfach zwei verschiedene, unverbundene Weisen des Handelns und Kommunizierens, sondern werden mehrsprachig und entwickeln Interkulturalität." (*Referenzrahmen*, 51)

interkulturell (adj.) = intercultural.

„In einem interkulturellen Ansatz ist es ein zentrales Ziel fremdsprachlicher Bildung, eine günstige Entwicklung der gesamten Persönlichkeit des Lernenden und seines Identitätsgefühls als Reaktion auf die bereichernde Erfahrung des Andersseins anderer Sprachen und Kulturen zu fördern." (*Referenzrahmen*, 14)

Kampftrinken (das, -s, sin pl.) = beber alcohol de forma viciosa y sistemática entrando en competición con otros.

„Dennoch ist das Kampftrinken nicht nur in der Hauptstadt ein Problem." (http://www.ksta.de/html/artikel/1173765831656.shtml)

knicken (v. intr.) = quitarse algo de la cabeza, desistir. OBS: Vocablo marcadamente coloquial, referido al hecho de que alguien deseche una idea o intención. El verbo *knicken* ha sufrido aquí una ampliación semántica cuya noción básica "doblar" se extiende a un concepto completamente distinto como es la noción "sacarse/quitarse uno una idea de la cabeza", olvidarse de algo u olvidar algo.

„Fotografieren bei wenig Licht (ohne Blitz) kannst du also schon mal knicken." (http://www.wer-weiss-was.de/theme90/article3387685.html)

Komasaufen (das, -s, sin pl.) = emborracharse hasta caer en coma etílico.

„Welche Maßnahmen gegen das Komasaufen bei Jugendlichen halten Sie für geeignet?" (http://www.main-rheiner.de/blogs/?p=176)

Kopftuchklage (die, -, -n) = demanda del velo islámico. OBS: Expresión que surge de la controversia suscitada por una profesora musulmana en pro del uso del velo islámico en los colegios alemanes.

„Die wegen der Kopftuchklage bekannt gewordene Lehrerin Fereshda Ludin soll dem Vereinsvorstand zwei Jahre lang angehört haben." (http://www.die-tagespost.de/archiv/titel_anzeige.asp?ID=8309)

G – Gesellschaft und Lebensstil   127

Kulturkritiker (der, -s, -) = crítico de cultura.
„Die Radikalisierung eines Landes hat nicht nur, wie gerade die Kulturkritiker immer noch gerne glauben, mit Arbeitslosenquoten und Weltbildern zu tun." (*Frankfurter Allgemeine Zeitung*, 20.9.2006, Nr. 219, 35)

Kuschelparty (die, -, -s) = ligódromo. OBS: Expresión coloquial que hace referencia a que, en la ajetreada sociedad actual, especialmente en la cultura occidental, muchas personas solteras se encuentran solas y a falta de afecto, lo cual deciden paliar acudiendo a las denominadas *Kuschelpartys*. En el caso de este lexema se trata de un calco léxico-semántico exacto del inglés norteamericano.
„Nun haben zwei Frauen auch in Berlin Kuschelparties ins Leben gerufen." (http://www.dradio.de/dkultur/sendungen/kompass/362776/)

Lebensabschnittspartner(-Gesellschaft) (die, -, sin pl.) = compañero sentimental según la etapa vital. OBS: Término marcadamente cultural que hace referencia a que en la sociedad actual cada vez más gente tiene un/a compañero/a para un período determinado de su vida y no para toda la vida.
„Heutzutage wird häufig von einer Lebensabschnittspartner-Gesellschaft gesprochen." (*Bunte*, 15/2004, 49)

Leserreporter-Foto (das, -s, -s) = la foto del lector reportero. OBS: Neologismo que alude a una nueva modalidad lucrativa donde el lector espontáneo se convierte en reportero gráfico para reflejar las circunstancias del momento, catástrofes o simplemente famosos en una actitud comprometida.
„Unter der Handynummer ‚1414' erreichen die Boulevardzeitungen jeden Tag bis zu 2500 so genannter Leserreporter-Fotos und bei einer Veröffentlichung des Fotos locken zwischen 100 und 500 Euro." (*Presse und Sprache* Nr. 609, Oktober 2007, 8)

Megaerfolg (der, -s, -e) = mega-éxito. OBS: Expresión de moda que se utiliza para referirse al enorme éxito obtenido por algo o alguien. El prefijo desempeña una función aumentativa y de grado superlativo.
„Der dritte Teil des Megaerfolgs Halo – ein futuristisches Ballerspiel – soll erstmals präsentiert werden." (*Presse und Sprache* Nr. 609, Oktober 2007, 6)

Menschenschmuggler (der, -s, -) = contrabandista/traficante de personas.

„Die Konzeptionslosigkeit und lange Untätigkeit der Regierung sandte auch die falschen Signale an die oft wenig kooperationswilligen Ausgangsländer und die Menschenschmuggler." (*Frankfurter Allgemeine Zeitung*, 20.9.2006, Nr. 219, 1)

multikulturell (adj.) = multicultural. OBS: Expresión referida a una situación donde conviven muchas lenguas y culturas.

„Kapitel 8 diskutiert die Prinzipien der Curriculumentwicklung und der Differenzierung sprachlicher Lernziele, besonders unter dem Aspekt der Entwicklung einer mehrsprachigen und plurikulturellen Kompetenz des Menschen, der sich den kommunikativen Herausforderungen stellen muss, die das Leben in einem vielsprachigen und multikulturellen Europa bietet." (*Referenzrahmen*, 10)

Multitasking (das, -s, -sin pl.) = disociación de habilidades. OBS: Voz inglesa que se refiere a la capacidad para dispersar y disociar tareas al mismo tiempo e unilateralmente.

„Multitasking heißt der Fachbegriff für die vorrangig weibliche Gabe, mehrere Aufgaben gleichzeitig konzentriert abarbeiten zu können." (*Presse und Sprache* Nr. 598, November 2006, 4)

Nichtraucherlobby (die, -, s) = colectivo antitabaco. OBS: Desde la aprobación de la ley antitabaco, el acervo lingüístico se ha visto incrementado sensiblemente a la hora de habilitar nuevos conceptos para una situación novedosa de prohibiciones referida a espacios sin humos. **Nichtraucherbereich, Nichtrauchercafehaus, Nichtrauchercafeteria, Nichtrauchergesellen, Nichtraucherkneipen, Nichtraucherlokalitäten, Nichtraucherproblem, Nichtraucherraum, Nichtrauchersalon, Nichtraucherrestaurant, Nichtraucherwesen,** etc.

„Von der Kneipe bis zum Spielplatz – die Nichtraucherlobby geht zurzeit auf breiter Front gegen Raucher vor." (*Presse und Sprache* Nr. 605, Juni 2007, 4)

Nischenmilieu (das, -s, -s) = ambiente social al margen del resto de la población. „Die Deutschen haben die Auswirkungen solcher demographischer Veränderungen bisher nur als Kulturwandel in Nischenmilieus erlebt: als das Verschwinden beispielsweise der autonomen Szene in Kreuzberg und anderswo, die weniger mit einem Weltbildwandel als mit den nachrückenden geburtenschwachen Jahrgängen zu tun hat." (*Frankfurter Allgemeine Zeitung*, 20.9.2006, Nr. 219, 35)

No-go-Area (das, -s, -s) = área tabú. OBS: Expresión que se predica de las zonas vetadas a extranjeros e inmigrantes.
„Sogenannte No-go-Areas, in die sich Ausländer nicht hintrauen, dürfe es nicht geben." (*Die Welt*, Online-Ausgabe, 23.5.2006: http://www.welt.de/data/2006/05/23/891158.html)

Patchworkfamilie (die, -, -n) = familia(s) reconstituida(s). OBS: Mucho más que una expresión es un fenómeno social, referido a un nuevo modelo familiar donde se da la convivencia con hijos (al menos un hijo) de parejas anteriores.
„Um ‚Patchwork-Familien' geht es in der ZDF-Dokumentation ‚Was heißt hier schon Familie?'." (*Kölner Stadt-Anzeiger*, Online-Ausgabe, 27.06.2005: http://www.ksta.de/html/artikel/ 1119872064356.shtml)

Raucherkneipe (die, -, -n) = local para fumadores. OBS: Expresión coloquial y familiar que hace referencia al bar, a la tasca para fumadores.
„Nun also ist es endlich raus, das ‚Wort des Jahres' 2007, nämlich: Klimakatastrophe. Mir hätten die Bundestrojaner (Platz 8) oder auch die Raucherkneipe (Platz 3) ja besser gefallen." (*Presse und Sprache* Nr. 614, März 2008, 8)

Sitzmensch (der, -en, -en) = sedente. OBS: Expresión coloquial que se utiliza para referirse a una persona que lleva una vida muy sedentaria.
„So ganz nebenbei verbrennen Wanderer übrigens auch doppelt so viel Fett wie reine Sitzmenschen, die ausschließlich im Büro hocken, und haben deshalb auch deutlich weniger Probleme mit einer dauerhaften Gewichtsnormalisierung." (*Presse und Sprache* Nr. 607, August 2007, 5)

Speeddating (das, -s, -s) = cita rápida. OBS: Expresión familiar que se utiliza para señalar las citas en las que los participantes deben conquistar a sus futuras parejas en 5 o 7 minutos. Consiste en organizar sesiones para conocer a gente. Nótese cómo esta expresión genera, además, numerosos compuestos *ad-hoc*: **Speeddatingtests, Speeddating-Partner/Innen**, etc.
„Die Suche nach dem richtigen Partner kann lange dauern. Schneller geht's beim Speeddating." (*Presse und Sprache* Nr. 609, Oktober 2007, 10)

toppen (v. tr.) = superar, desbancar. OBS: Verbo que se utiliza, sobre todo en el coloquio, en el sentido de *estar en la cima*, llamar la atención socialmente − destacar entre un grupo.
„Denn der kleine Eisbär toppt wirklich alles." (*Presse und Sprache* Nr. 604, Mai 2007, 1)

trommelfellzerreißend (part. I) = (ruido, sonido) demoledor, estrepitoso.
„Und dann ein trommelfellzerreißender Knall. Krachen. Splittern." (Barbara Noack, *Ein Stück vom Leben*, 36)

(im) Turbo-Tempo (das, -s, -s/-pi.) (locución adverbial con prep. fija) = con máxima celeridad, a pasos agigantados.
„Auch die Internationalisierung der 376 deutschen Hochschulen schreitet im Turbo-Tempo voran." (*Deutschland* Nr. 1, Februar/März 2007, 3)

Typ gemolkene Kuh (der, -s/-en, -en) = la gallina de los huevos de oro. OBS: Expresión idiomática que tiene su equivalencia en la locución sustantiva española la *gallina de los huevos de oro*, como fuente inagotable de riqueza.
„Ich bin nun mal der Typ gemolkene Kuh. Von mir wollen alle was, und ich tobe, aber dann zahle ich doch." (Barbara Noack, ... *und flogen achtkantig aus dem Paradies*, 55)

WG-Casting (das, -[s], -s) = entrevista o casting que debe pasar el interesado en alquilar una habitación en un piso compartido. OBS: La expresión refleja un fenómeno, cada vez más común en la sociedad alemana actual, donde, ante la gran demanda, un estudiante debe pasar este tipo de entrevistas.
„Stundenlang bei wildfremden Menschen in der Küche sitzen, Bier trinken oder Vodka und auch mal am Joint ziehen, denn man will ja nicht ‚spießig'

aussehen – so beschreiben viele Studenten ihre Erlebnisse bei einem WG-Casting." (*Presse und Sprache* Nr. 598, November 2006, 11)

wildpinkeln (v. intr.) (como v. sust. das, -s, sin pl.) = orinar en la vía pública. OBS: Término muy vulgar empleado para expresar "orinar indiscriminadamente" en lugares públicos.

„Mit der neuen Kölner Straßenordnung wurde zum 01.04.2005 im Bußgeldkatalog der Stadt neu festgelegt, was für Wildpinkeln, den Hundehaufen oder das Müllwegwerfen an Strafe fällig wird." (Stadt Köln: http://www.stadt-koeln.de/bol/ abfall/artikel/07592/index.html)

Win-Win-Situation (die, -, -en) = situación ventajosa. OBS: Dícese de la situación provechosa o momento propicio en la que uno tiene todas las de ganar en la sociedad actual.

„Eine der verbreitesten ist das Stiften von Lehrstühlen – eine Win-Win-Situation für alle Beteiligten." (*Deutschland* Nr.1, Februar/März 2007, 50)

Zwecktaufe (die, -, -n) = bautizo oportunista. OBS: Expresión referida a la gente que se bautiza con el único propósito de alcanzar un objetivo concreto, un trabajo, etc. sin que se esté convencido del sacramento del bautizo o se identifique con el mismo.

„Um eine Chance zu haben, erwägen einige sogar Zwecktaufen." (*Zeit Online*, 14.3.2007, http://www.zeit.de/campus/index ; http://www.wortwarte.de/Archiv/Datum/d070314.html#w13)

- ◆ **Gesundheitswesen und Wohlbefinden**
  - • **Krankheiten**
  - • **Behandlung**

  (Sanidad y Bienestar: Enfermedades y tratamiento)

Abtreibungstourismus (der, -, sin pl.) = turismo abortista.
„Der Abtreibungstourismus nach Spanien überrascht, gelten in Spanien doch beinahe die gleichen restriktiven Gesetze wie in Portugal."
(http://orf.at/070210-9113/? href=http% 3 A%2F%2Forf.at%2F070210-9113%2F9116txt_story.html)

Anti-Aging (das, -s, -s) = tratamientos anti-edad.
„Anti-Aging und Schönheitsanwendungen, fernöstliche Massagen, Fitness – das alles heißt Wellness." (*Deutschland* Nr. 3, Juni/Juli 2006, 22)

Ärztetourismus (der, -, sin pl.) = turismo sanitario.
„Die kommunalen Kliniken sollten den Uni-Tarif mit kleinen Änderungen übernehmen, meinte der Patientenvertreter – ‚auch damit wir keinen Ärztetourismus kriegen'."
(http://www.presseportal.de/mobil/story.htx?nr=838166)

Binge-Bating-Störung (die, -, -en) = la patología del comedor compulsivo o síndrome del atracón. OBS: La expresión hace referencia al desorden alimentario de tipo nervioso que induce a comer compulsivamente grandes cantidades de comida sin recurrir a métodos compensatorios como vómitos, práctica de ejercicio excesivo o laxantes. Se diferencia de este modo del vocablo *Ess-Brech-Sucht*.
„An Bulimia nervosa – also Ess-Brech-Sucht – leiden schon drei Prozent, und noch einmal drei Prozent haben Binge-Bating-Störungen, also Heißhungerattacke, Frustessen, ohne zu erbrechen." (*Presse und Sprache* Nr. 598, November 2006, 3)

G – Gesundheitswesen und Wohlbefinden

Binge-Trinken (das, -s, sin pl.) = beber compulsivamente. OBS: Se trata de un calco de la voz inglesa *binge-drinking* para hacer referencia a una patología que consiste en ingerir grandes cantidades de alcohol en un corto período de tiempo hasta emborracharse.

„Ziel: Erstellung eines Überblicks über Definitionen, Prävalenzen, Konsumentwicklungen und Folgen des Binge-Trinkens, definiert als Konsum großer Mengen Alkohol pro Anlass, mit besonderem Schwerpunkt auf Europa."
(www.neuland.com/index)

Bionik-Hand (die, -, -¨e) = mano biónica. OBS: El término *Bionik* surge de la combinación de *Biologie* con *Technik*. La expresión 'biónico' hace referencia a la mano biónica o robótica que permite la movilidad individual de los dedos y que tiene apariencia humana.

„Touch Bionics, das die erste auf dem Markt erhältliche Bionik-Hand entwickelte, verkündete heute, dass seine i-LIMB Hand und ProDigits-Teilhandprothesen nun allgemein erhältlich sind und eine bedeutende Anzahl von Patienten aus den USA und Europa erfolgreich damit ausgestattet wurden." (http://www.innovations-report.de/html/berichte/medizintechnik/ber icht-87487.html)

Body-Maß-Index (der, -[es], -e/dizes) = índice de masa corporal. OBS: Voz anglosajona que equivale a la alemana *Körpermaßindex*.

„Eine Gewinnerin hatte sogar einen Body-Maß-Index von nur 16,9." (*Presse und Sprache* Nr. 598, November 2006, 3)

Burnout-Syndrom (das, -s, -e) = el síndrome de estar quemado.

„Das Chronic Fatigue Syndrom wird teilweise auch gleichbedeutend mit dem Begriff Burnout-Syndrom verwendet. Manchmal werden diese beiden Phänomene aber auch bzgl. ihrer typischen Symptome und der zugrunde liegenden Ursachen unterschieden."
(http://www.onmeda.de/krankheiten/burnout_syndrom.html)

Computer-Syndrom, tambien **PC-Syndrom, (das, -s, -e)** = el síndrome del ordenador. OBS: Nuevo trastorno que padecen las personas que pasan mucho tiempo frente al ordenador y que se manifiesta con irritación y sequedad ocular, dolores de cabeza, de espalda y de cuello.

„Demnächst werden wir Ihnen ein paar Tipps geben, wie Sie dem Computer-Syndrom vorbeugen können."
(http://german.cri.cn/248/2005/12/09/1@41887.htm)

Digitale Demenz (die, -en, -en) = demencia digital. OBS: Expresión que hace referencia a una nueva patología ocasionada por exceso de trabajo frente al ordenador.

„Digitale Demenz. Das ausgelagerte Gedächtnis. Computer werden immer besser im Speichern, unsere Gehirne scheinbar immer schlechter darin."
(http://www.3sat.de/3sat.php?http://www.3sat.de/neues/sendungen/magazin/11 6619/index.html9)

Ess-Brech-Sucht (die, -, -¨e) = bulimia. OBS: Expresión referida a otra de las patologías que afectan a la sociedad occidental actual, que consiste en un trastorno alimentario y psiquiátrico donde el enfermo ingiere vorazmente una gran cantidad de alimentos para, a continuación, usar purgativos y provocarse vómitos.

„An Bulimia nervosa – also Ess-Brech-Sucht – leiden schon drei Prozent, und noch einmal drei Prozent haben Binge-Bating-Störungen, also Heißhungerattacke, Frustessen, ohne zu erbrechen." (*Presse und Sprache* Nr. 598, November 2006, 3)

Lomi-Lomi-Massage (die, -, -en) = masaje lomi lomi. OBS: La expresión hace referencia a una terapia hawaiana consistente en un masaje relajante que se efectúa con cuatro manos.

„Maßgeschneiderte Beauty-Programme, exotische Verwöhnrituale wie etwa die vierhändige Lomi-Lomi-Massage verwöhnen den Gast." (*Deutschland* Nr. 2, April/Mai 2007, 25)

Metronap-Raum (der, -es, -¨e) = salas de sueño en penumbras. OBS: El término es un calco de la voz inglesa *nap lounges* y hace referencia a las salas habilitadas en los lugares de trabajo para que los empleados puedan echar una cabezadita reparadora tras el almuerzo y antes de proseguir con su tarea.

„In US-Unternehmen werden vielerorts inzwischen so genannte ‚Metronap-Räume' eingerichtet, für den gesunden Kurzschlaf der Mitarbeiter, die auch am Nachmittag wieder auf Hochtouren laufen sollen." (*Presse und Sprache* Nr. 615, April 2008, 6)

Mobbing (das, -s, sin pl.) = acoso laboral.

„Wir müssen uns noch stärker als bisher als Dienstleister für unsere Mitglieder verstehen. Sie müssen sich von uns in schweren Situationen gut beraten fühlen: bei Kündigung, Arbeitslosigkeit, Mobbing." (*Berliner Zeitung*, Online-Ausgabe, 19.05.2006: http://www.berlinonline.de/berliner-zeitung/archiv/.bi n/dump.fcgi/2006/0519/wirtschaft/0004/index.html?keywords=Mobbing;every =1;utf8=1;mark=mobbing)

Nachahmermedikament (das, -s, -e) = medicamento genérico o genéricos. OBS: También conocido como **Generikum (das, -s, Generika)**.

„Die Zulassung für ein Nachahmermedikament sei bei der US-Gesundheitsbehörde FDA beantragt worden, teilte Barr am Dienstagabend mit." (*Berliner Zeitung*, Online-Ausgabe, 31.03.2005: http://www.berlinonline.de/berliner-zeitung/archiv/.bin/dump.fcgi/2005/0331 /wirtschaft/0070/index.html?keywords=Nachahmermedikament;every=1;utf8= 1;mark=nachahmermedikament)

Nachtrafting (das, -, sin pl.) = rafting nocturno. OBS: El término surge aquí no como una modalidad deportiva sino como una nueva terapia antiestrés; del antiguo *rafting*, deporte que consiste en deslizarse por la corriente de un río, ejecutado aquí de noche, es decir, en plena oscuridad para eliminar tensiones negativas.

„Wir freuen uns sehr, Ihnen ab diesem Jahr auf derselben Strecke Nachtrafting in Dauer von zwei Stunden bieten zu können. Wir hoffen, dass Sie die Gelegenheit ausnützen und unter den ersten an diesem bei uns ganz neuen Rafting teilnehmen." (http://www.vilajelka.cg.yu/de/leverima.html)

Outdoortraining (también **Teamtraining**) **(das, -s, -s)** = entrenamiento foráneo o exterior. OBS: La expresión hace referencia a una terapia de grupo basada en el entrenamiento de las habilidades sociales de un individuo foráneas al ámbito laboral, pero cuya finalidad es repercutir favorablemente en él, es decir, para que el individuo rinda más e interactúe mejor en su puesto de trabajo.

„Outdoortraining Teamtraining: Ihre Mitarbeiter - Zukunft Ihres Unternehmens. Die Bereitschaft Ihrer Mitarbeiter, Aufgaben gemeinsam zu bewältigen, ist entscheidend für den Erfolg von Arbeitsprozessen und damit für den Erfolg ihres Unternehmens." (http://www.kap-outdoor.de/Outdoor-Teamtraining.330.0.html)

Passivschnarchen (das, -s, -) = roncar pasivamente. OBS: Se trata de una formación analógica por alusión a *Passivrauchen*, es decir, *fumar pasivamente*.

„Jetzt aber kam heraus: Auch Passivschnarchen gefährdet die Gesundheit." (http://www.webnews.de/kommentare/14656/0/Jetzt-bewiesen-Passiv-Schnarchen-macht-krank.html)

Poly-Pille (die, -, -n) = la polipídora. OBS: Este neologismo designa una nueva píldora que combina múltiples medicamentos para hacer frente al colesterol, a la hipertensión y al infarto coronario a la vez y, así, evitar la ingesta de excesivos medicamentos. Es lo último en medicina cardiovascular.

„Eine Idee, um bei chronisch Kranken die Zahl der verschriebenen Medikamente zu reduzieren, ist die individuelle ‚Poly-Pille'." (http://www.aerzteblatt.de/v4/archiv/artikel.asp?src=heft&id=55243)

Power-Napping (das, -s, -s) = siesta energética. OBS: La expresión inglesa nace a partir del vocablo *metronap* (*kurzer Mittagsschlaf*) y alude a un breve sueño reparador.

„Mit dem munteren Label 'Power-Napping' finden diese Ergebnisse immer mehr Gehör." (*Presse und Sprache* Nr. 615, April 2008, 6)

Rinderwahnsinn (der, -s, sin pl.) = enfermedad de las vacas locas.

„Ängstigen wir uns weiterhin vor Rinderwahnsinn." (*Die Zeit*, Online-Ausgabe, 31.12.2003)

SARS (Schweres akutes Atemwegssyndrom) (das, -, sin pl.) = enfermedad pulmonar grave.
"Taiwanesische Computerhersteller kämpfen gegen SARS. Drastische Maßnahmen sollen Ausbruch der Krankheit verhindern." (http://www.pressetext.de/)

Schönheitsanwendung (die, -, -en) = aplicaciones de belleza. OBS: La expresión se refiere a los recursos, los masajes o las terapias en general que se emplean con fines estéticos pero también con fines de bienestar psíquico y físico.
"Anti-Aging und Schönheitsanwendungen, fernöstliche Massagen, Fitness – das alles heißt Wellness." (*Deutschland* Nr. 3, Juni/Juli 2006, 22)

Stalking (das, -s, sin pl.) = acoso moral, acoso psicológico. OBS: En realidad, el término *stalking* significa, en su sentido recto, "ir a cazar / cazar al acecho." En la terminología psiquiátrica *stalking* caracteriza un comportamiento patológico en el cual un individuo espía, persigue, amenaza e incordia fastidiosamente a otra persona pudiendo llegar a usar, incluso, la violencia física.
"Denn Stalking hört sich zwar fast so spaßig-amerikanisch an wie Crowd-Surfing oder Bungee-Jumping, tendiert allerdings - wenn überhaupt - eher in Richtung Extrem-Dating." (*Kölner Stadt-Anzeiger*, Online-Ausgabe, 10.07.2004: http://www.ksta.de/html/artikel/1086523960277.shtml)

Stammzellforschung (die, -, -en) = investigación con células madre. OBS: Término científico que en este contexto se aplica con fines estéticos y de rejuvenecimiento mediante la inducción de células madre pluripotentes, es decir, sin necesidad de recurrir a la clonación. En relación con este término surge el concepto *iPS*, es decir, **inducierte Pluripotente Stammzellen**.
"Japanischen und amerikanischen Forschern ist offenbar erstmals die Verjüngung von normalen menschlichen Körperzellen ohne Klonen und damit die Herstellung künstlich reprogrammierter Stammzellen gelungen. Das bewerten führende Wissenschaftler als Wendepunkt in der Stammzellforschung." (*Presse und Sprache* Nr. 612, Januar 2008, 6)

Steintherapie (die, -, -n) = relajación pétrea. OBS: El nuevo término hace referencia a una terapia alternativa moderna que busca la liberación de tensiones a través de piedras.

„Eine Steintherapie ist ein außergewöhnliches Erlebnis. Lassen Sie die Kombination von Hand und Stein auf Ihre Haut wirken, genießen Sie die Kräfte, die bei dieser Massage freigesetzt werden." (www.kp-kosmetik.de/steintherapie.html)

Team-Building (das, -s, sin pl.) = formación de grupo. OBS: Con este término se indica una nueva terapia de grupo que pretende reforzar la capacidad del individuo de afrontar responsabilidades y tomar decisiones dentro de un equipo mediante la práctica de deportes novedosos de aventura.

„Teambuilding mit Musik ... oder die Frage, wie man erreichen kann, dass ein Team einen höheren IQ haben kann als die einzelnen Individuen der Gruppe." (www.zantopp.de/jennifer/teambuilding/index.html)

Technologiesüchtiger (adj. nominalizado, der Süchtige, -n- -n) = tecnoadicto. OBS: Sustantivo de génesis neológica que sigue la declinación del adjetivo sustantivado. Se refiere a la adicción que muestra la persona que hace un mal uso de las nuevas tecnologías.

„Interessant ist vor allem auch die Schlussfrage, ob ein 'technologiesüchtiger' Arbeitnehmer von seinem Arbeitgeber Schadenersatz verlangen kann." (http://eu-law.blogspot.com)

Transplantationstourismus (der, -, sin pl.) = turismo por transplantes. OBS: Nueva expresión que hace referencia a los pacientes que necesitan un transplante y se desplazan al extranjero para conseguir un órgano. Esta "avalancha turística", cada vez más en aumento, se debe a la escasez de donantes en Alemania.

„Korrekt wäre übrigens die Darstellung der moralischen Fragwürdigkeit dieses Transplantationstourismus zu sehen." (http://www.zdf.de/ZDFforum/ZDFde/inhalt/23/0,1872,5334327,00/frontal21/F4604/msg1209653.php)

G – Gesundheitswesen und Wohlbefinden 139

Überdiagnose (die, -, -n) = sobrediagnóstico.
„Nach bisherigen Schätzungen liegt die Rate der Überdiagnosen zwischen 5 und 50%." (http://www.thieme-connect.com/ejournals/html/roefo/doi/10.1055/s-2006-947107)

Videochirurgie (die, - , -n) = videocirugía. OBS: Nuevo término que lentamente ha ido incorporándose a la lengua común. Con él se indica una técnica de Cirugía Mínimamente Invasiva (CMI) donde el cirujano debe poseer conocimientos y práctica tanto en laparoscopia como en ordenadores y videotecnología.
„Kongress für Videochirurgie. Internationales Expertentreffen bei Eurac in Bozen." (www.eurac.edu/webscripts/eurac/services/viewblobnews)

Vogelgrippe (die, -, -n) = gripe aviar. OBS: El término médico-veterinario correcto, en alemán, es *Geflügelpest (Virus H5N1)*.
„Vogelgrippe – Geflügelpest sind die umgangssprachlichen Bezeichnungen für ein hoch pathogenes aviäres Influenzavirus." (http://www.vogelgrippe-seuche.de)

Wellness (die, sin pl.) = el wellness. OBS: La expresión se refiere al culto del bienestar mental y corporal que incluye tratamientos de relajación, el cuidado de la nutrición, la espiritualidad, masajes así como tratamientos completos de belleza.
„Anti-Aging und Schönheitsanwendungen, fernöstliche Massagen, Fitness – das alles heißt Wellness." (*Deutschland* Nr. 3, Juni/Juli 2006, 22)

Zeckencheck (der, -s, -s) = chequeo de garrapatas. OBS: Este neologismo surge a raíz de las recomendaciones médicas de examinarse con frecuencia por señas de garrapatas tras haber frecuentado un bosque. Las autoridades sanitarias recomiendan un chequeo del cuerpo entero cada día durante 3 días.
„Nach so einer Baumumarmung würde ich aber erst einmal einen Zeckencheck durchführen." (http://www.dslr-forum.de/archive/index.php/t-217913.html)

Zerstörungstherapie (die, -, -n) = destructoterapia. OBS: Neologismo acuñado en español como destructoterapia por una empresa española denominada *Stress Stop*. El tratamiento persigue quitar la tensión acumulada a los asistentes del curso. La terapia consiste en golpear o aniquilar coches (cristales, carrocería, etc.) de forma violenta con instrumentos (mazas enormes) que les son facilitados a los participantes en el curso.

„Auf einem Schrottplatz in Soria, Mittelspanien, können genervte Angestellte ihrem Frust ab sofort freien Lauf lassen."
(http://www.channelpartner.de/news/205854/index.html)

I

♦ Informationstechnologie

(Tecnología de la Información y Comunicación (TIC))

Anti-Spam-Unternehmen (das, -s,-) = empresa anti correo basura. OBS: La expresión hace alusión a la empresa que se dedica a erradicar el correo basura recibido a través del correo electrónico.
„Der Studie eines Anti-Spam-Unternehmens zufolge sind bereits 40 Prozent aller versendeten Mails unerwünschte Werbung." (*Presse und Sprache* Nr. 602, März 2007, 7)

Bezahldownload (der, -s, -s) = descarga de pago.
„Von Office 2007 werden Home and Student 2007, Standard 2007 und Professional 2007 als Bezahldownload in englischer Sprache bereitstehen." (http://www.computerbase.de/news/software/betriebssysteme/windows/2007/januar/microsoft_download-vertrieb_familienrabatt/)

Blog (der/das, -s, -s) = (voz inglesa) blog, diario electrónico (cuyos formatos pueden ser muy variopintos). OBS: El término da lugar a numerosos neologismos agentes, profesionales y de áreas diversas de conocimiento: **Blogcharts, Funblog, Krimiblog, Linkblog, Rechtsblog, Stadtteilblog, Videoblog, Watchblog, Warblog**; etc. Posee su verbo correspondiente en **bloggen**.
„Blog ist die Kurzform von Webblog, das weithin mit Online-Tagebuch übersetzt wird." (*Presse und Sprache* Nr. 598, November 2006, 9)

bloggen (v. intr.) = escribir notas en un diario electrónico.
„Wenn Parteien bloggen." (*Presse und Sprache* Nr. 598, November 2006, 9)

Blogger (der, -s, -) = bloguero (también bloggero). OBS: Expresión referida a la persona que lleva un diario electrónico.
„Vor acht Jahren schon feierten dort Blogger ihren ersten Erfolg." (*Presse und Sprache* Nr. 598, November 2006, 9)

Blogger-Kommentar (der, -s, -e) = comentarios de un blogguero.
„Und auch Andreas Nahles und Hubertus Heil wagen sich in ihrem Debattenblog.de ins Kreuzfeuer der schonungslosen Blogger-Kommentare." (*Presse und Sprache* Nr. 598, November 2006, 9)

Bloggernation (die, -, -en) = la nación de los bloggueros.
„Und auch Frankreich ist eine Bloggernation." (*Presse und Sprache* Nr. 598, November 2006, 9)

Blogosphäre (die, -, -n) = blogoesfera.
„Nur in Deutschland dümpelt die so genannte Blogosphäre im eigenen Sumpf vor sich hin." (*Presse und Sprache* Nr. 598, November 2006, 9)

Blog-Soziologe (der, -en, -en) = sociólogo de blogs. OBS: El término designa al profesional que estudia el fenómeno de los blogs desde un punto de vista antropológico y social.
„Der Blog-Soziologe Jan Schmidt glaubt, dass vor allem bei internetspezifischen Themen Blogs Meinungen bilden und Initiativen anstoßen werden, [...]." (*Presse und Sprache* Nr. 598, November 2006, 9)

Bluetoothheadset (das, -s, -s) = casco bluetooth.
„Es geht zwar auch ohne, aber skypen macht mit Headset deutlich mehr Spaß. Warum aber nicht einfach ein Bluetooth-Headset kaufen?"
(http://www.netzwelt.de/news/71854-bluetoothheadset-skype-im-test.html)

Bundeshacker (der, -s, -) = hacker federal.
„Vielleicht kapern aber die Bundeshacker einfach ein paar beliebte Seiten."
(http://www.soerenkoehler.de/)

chatten (v. intr.) = chatear. OBS: Numerosos compuestos relacionados con este verbo siguen apareciendo constantemente, como **Chatter, Chat-Angebot, Chat-Raum, Chat-Tutoren/Innen, Chat-Administrator, Chat-Seite**, etc.
„Durch das Chatten erweitern Sie außerdem Ihren Wortschatz (auch in der deutschen Umgangssprache), festigen Ihre Grammatikkenntnisse."
(http://www.goethe.de/Z/Jetzt/dejchat/dejlehrh.htm)

Copy-Paste-Syndrom (das, -s, -e) = el síndrome del copia y pega.
„Das Copy-Paste-Syndrom betrifft eine ganze Studentengeneration." (*Der Spiegel* 24/2007, 98)

Cyber-Gangster (der, -s, -) = cibergángster o ciberladrón.
„Denn von den vielen Millionen Euro, die täglich über die Datenleitungen fließen, möchten sich Cyber-Gangster nur allzu gerne etwas abzweigen." (http://www.verbrauchertipp.de/article35.html)

Cyberspace (der, -s, -sin pl.) = ciberespacio.
„Doch Sebastian B. wartete offenbar vergeblich auf Hilfsangebote aus dem Cyberspace." (*Presse und Sprache* Nr. 600, Januar 2007, S. 5)

Death-Metal-Szene (die, -, -n) = seguidor de la corriente o tendencia conocida como *death metal*.
„Der Anhänger der Death-Metal-Szene geriet immer mehr in die Rolle des Außenseiters, zeigte sich fast nur noch in schwarzer Kleidung und mit schwarz lackierten Fingernägeln, gefiel sich als einsamer Krieger bei Schießübungen im Wald." (*Presse und Sprache* Nr. 600, Januar 2007, S. 5)

Downloadfernsehen / Download-Fernsehen (das, -s, sin pl.) = televisión de descarga.
„Warum werden unsere Gebühren nicht für spannendes Download-Fernsehen zu Bildungszwecken genutzt?" (http://archiv.tagesspiegel.de/archiv/22.01.2006/2303842.asp)

Edit War (der, -s, -sin pl.) = guerra entre editores. OBS: Término que alude, específicamente, al problema de la enciclopedia virtual wikipedia que está confeccionada por aficionados de todo el mundo y los editores que suelen revisar los contenidos quieren cerrar las posibilidades de intervención para evitar más gazapos.
„Der häufigste Grund dafür sei der ‚Edit War'. Die Sperrungen seien jedoch in der Regel nur vorübergehend." (*Presse und Sprache* Nr. 597, Oktober 2006, S. 9)

Egosearch (das, -, -sin pl.) = la práctica del "egosearch", el googlearse a sí mismmo o la búsqueda de la propia identidad. OBS: Término que hace referencia a la búsqueda que realiza un sujeto introduciendo su propio nombre en un buscador - como Google – esperando encontrarse en primera persona. Así, por ejemplo, muchos famosos se buscan en Google para ver qué se dice de ellos. Otros neologismos vinculados son **Egosurfer** (egosurfer, el que navega por internet en busca de sí mismo) o **Egosurf**.

„Oft suchen Leute im Internet mit Hilfe von Suchmaschinen (z.b. Yahoo, AltaVista, Google, Acoon, u.s.w.) nach ihrem eigenen Namen, um festzustellen, auf welchen Seiten dieser genannt wird. Dieses Verhalten nennt man **EgoSearch**, also in etwa ‚die Suche nach sich selbst'. Dies kann man hervorragend dazu nutzen, längst ‚verschollene' Bekannte wiederzufinden, wenn beispielsweise die Suche über öffentliche Telefonbücher zu keinem Ergebnis führt, weil man nicht (mehr) weiß, wo der Urlaubsflirt eigentlich wohnhaftig war, etc., etc." (http://www.egosearch.de/)

elektronisches Spielzeug (das, -s, -e) = juguete electrónico.

„Wer elekronisches Spielzeug liebt, weiß das alles schon länger. (*Presse und Sprache* Nr. 605, April 2007, 10)

ergoogeln (v. tr.) = googlear.

„Die Produktdaten sind alle sehr einfach zu ergoogeln, daher beschränke ich mich bloß auf meine Erfahrungen."
(http://www.ciao.de/Pioneer_VSX_916__Test_3253080)

esemessen (v. intr.) también **EsEmEsSen** = "simsear" (escribir un SMS).

„Im süddeutschen Raum hat sich der Ausdruck esemessen eingebürgert."
(https://www.mcdubs.net/?sid=34)

Flattarif (der, -(e)s, -e) también **Pauschaltarif (der, -(e)s, -e)** = tarifa plana. OBS: Tarifa que combina teléfono e internet.

„Und wenn ich einen zeitlichen Flattarif habe, kann ich meinen PC ja die ganze Zeit an lassen und im Netz sein, ohne dass mir dadurch Kosten entstehen,..."
(*Netzeitung*, 12.03.2004: http://www.netzeitung.de/wirtschaft/277113.html)

Flirtportal (das, -s, -e) = portal de contactos y ligues.

„Das Flirtportal. Einfach kostenlos anmelden und neue nette Leute kennen lernen." (http://www.suche4all.de/review.php?sid=18691)

Gamer (der, -s, -) = gamer o videojugador. OBS: Expresión típica del argot social con la que se define al aficionado a los videojuegos. El *gamer* dedica todo su tiempo, interés y esfuerzo en ser mejor que los demás y batir récords en esta disciplina.

„Details. Wir sind eine Deutsche Gamer Community. Gespielt wird Americas Army. Allerlei." (www.xtremetop100.com/gaming-websites)

Google-Check (der, -s, -s) = (voz anglosajona) chequeo/comprobación en google.

„Entgegen der Annahme vieler Jugendlicher wissen auch sie, wie das Internet funktioniert, und ein Google-Check bei Hausarbeiten und Aufsätzen gehört bei vielen längst zur Routine." (*Presse und Sprache* Nr. 614, März 2008, 11)

googeln (v. intr.) = googlear.

„Was man sorglos ins Netz gestellt hat, wird in Bewerbungsgesprächen mitunter zum Bumerang. Denn auch Personalchefs können googeln." (*Unispiegel* Online-Ausgabe, 31.08.2005:
http://www.spiegel.de/unispiegel/jobundberuf/0,1518,372226,00.html)

Hilflosenportal (das, -s, -e) = portal para desamparados. OBS: El término alude a los numerosos portales de ayuda que existen en internet para personas necesitadas y desvalidas.

„Auf dem Hilflosenportal www.frag-mutti.de beklagt sich ‚shyguy 22' darüber, er könne auf 18 Quadratmetern keine Waschmaschine unterbringen." (http://jugend-sabrodt.master-k.de/forum/diskussion/214/verflixt-ich-war-einer/)

Hoax (der, -, -es) = timo. OBS: La expresión es un ejemplo de composición léxica que toma como modelo el patrón anglosajón. Se refiere a las mentiras o bulos que circulan vía e-mail con el fin de obtener beneficios económios tomando, por ejemplo, como excusa a los desfavorecidos, huérfanos, etc.

„Zu den wirtschaftlichen Schäden durch Hoaxes lesen Sie bitte auch den Vortrag von Howard Fuh."
(http://www2.tu-berlin.de/www/software/hoax.shtml)

Internetanalphabet (der, -en, -en) = analfabeto de internet.

„Wenn ich nur wüsste wie ... ich bin ein Internetanalphabet."
(http://www.pokern.com/forum/pokerchips-verteilung/2826-welche-aufteilung-f-r-den-chipkoffer-wieviele-chips-pro-spieler.html)

Internet-Chat (der, -s, -s) = chat en internet.

„Nahezu alles wird mit ein paar Strichen, Punkten und Klammern verknappt. Die Internet-Chats sind voll davon." (*Presse und Sprache* Nr. 611, Dezember 2007, 11)

Internetdieb (der, -s, -e) = ladrón de internet.

„Und wenn Dich die Diskussion tatsächlich reizt, dann definiere und beziffere mir bitte den Schaden, den in meinem Beispiel der Internetdieb anrichtet."
(http://www.pcwelt.de/forum/news/184598-studie-eind-mmung-software-piraterie-w-rde-tausende-jobs-schaffen-9.html)

Internet-Enzyklopädie (die, -, -n) = enciclopedia virtual. OBS: En la era actual de internet – la red de redes - es una fuente de información inestimable a todos los niveles. Existen enciclopedias, diccionarios, etc. de acceso libre al usuario. La más conocida es Wikipedia.

„Es war der Tod des ehemaligen Enron-Managers Kenneth Lay, der die viel gepriesene Internet-Enzyklopädie Wikipedia einmal mehr in die Schlagzeilen brachte." (*Presse und Sprache* Nr. 597, Oktober 2006, S. 9)

I – Informationstechnologie

Internetfernsehen = televisión por internet; televisión online. OBS: Expresión sinónima de **Online-Wunschfernsehen** (televisión online a la carta).
„Das will etwas heißen, denn der britische öffentlich-rechtliche Sender gehört zu den Vordenkern im Internet und plant schon lange ein derartiges Online-Wunschfernsehen." (*Presse und Sprache* Nr. 609, Oktober 2007, 9)

Internetknotenpunkt (der, -es, -e) = nudo de conexión telemático en la red.
„Dort befindet sich der wichtigste Internetknotenpunkt Europas." (*Deutschland* Nr. 3, Juni/Juli 2006, 61)

Internetstellenportal (das, -s, -e) = portal de empleo.
„Das Internetstellenportal der Bundesagentur für Arbeit (www.arbeitsagentur.de) ist am Wochenende offenbar von rechtsradikalen Computerhackern manipuliert worden."
(http://www.tagesspiegel.de/berlin/;art270,1937694)

Internettelefonie (die, -, sin pl.) = telefonía via internet. OBS: Término que hace referencia a las llamadas efectuadas por internet a través de programas con skype.
„Die neue Technik sei Voraussetzung für neue Multimedia-Angebote im Internet, darunter Bezahlfernsehen, Online-Videotheken (Video on Demand) und eine bessere Sprachqualität bei der Internettelefonie." (*Express*, 22.04.2005, 16)

MP3-Player (der, -s, -) = (reproductor de) MP3.
„Wer sich einen Plattenspieler zulegen möchte, muss dafür nicht mehr Geld hinlegen als für einen gängigen CD- oder einen MP3-Player." (*Rheinische Post*, Online-Ausgabe, 17.5.2006:
http://www.rp-online.de/public/druckversion/nachrichten/multimedia)

Musikdatenformat (das, -(e)s, -e) = (archivos de) formato de música.
„Heute ist die CD auf dem besten Weg, vom Musikdatenformat MP3 verdrängt zu werden – und die Schallplatte auf einmal wieder gefragt." (*Rheinische Post*, Online-Ausgabe, 17.5.2006:
http://www.rp-online.de/public/druckversion/nachrichten/multimedia)

nachgoogeln (v. tr.) = googlear. OBS: Expresión coloquial con la que se indica el deseo de realizar una búsqueda a fin de cerciorarse del significado.

„Ihren Namen kann ich nachgoogeln, es war Selma Lagerlöf, genauso den Inhalt ihres Buches."
(http://www.wienerzeitung.at/DesktopDefault.aspx?TabID=4409&Alias=wzo&cob=305215)

Nettikette (die, -, -n) = etiqueta de la red o netiqueta (palabra castellanizada). OBS: Expresión que surge del cruce de palabras *Net* (red) + *Etikette* (etiqueta) y que hace referencia al código de urbanidad, al buen comportamiento en internet y a las buenas maneras en entornos cibersociales.

„Egal wo Sie andere Anwender befragen oder mit ihnen diskutieren – einige Regeln im Umgang sollten Sie beachten. Man spricht hierbei von der Nettikette." (http://computer.aol.de/Ratgeber-Internet/Netikette-Ton-kommt-990816118-2.html)

(politisches und gesellschaftliches) Networking (das, -s, sin pl.) = networking político y social.

„Politisches und gesellschaftliches Networking hilft uns, die richtigen Leute am richtigen Platz zu finden."
(http://www.heidiglueck.com/html/support4.htm)

Netz (das, -es, -e) = la red. OBS: Se trata de un ejemplo claro de neologismo originado por catacresis. Aquí se refiere a la red de redes, es decir, internet.

„Und es ist kein Zufall, dass er sich in seiner Verzweiflung und Wut nicht mit Freunden besprach, sondern seine Hilfeschreie ins weltweite Netz sandte." (*Presse und Sprache* Nr. 600, Januar 2007, 5)

Netzplagiat (das, -s, -e) = plagio de internet.

„In Österreich heißt es derzeit: ‚Z'amm' g'oogelt oder z'amm' g'nudelt' - also entweder Netzplagiat oder endlose Aneinanderreihung von Zitaten." (http://www.heise.de/tp/r4/artikel/24/24006/1.html)

Newbie (der, -s, -s) = (voz inglesa) newbie. OBS: El término hace referencia a la fase previa del *noob*. Al contrario del *noob* designa al usuario de informática neófito que, en sentido positivo, se esfuerza por aprender y mejorar sin mostrar una conducta arrogante o molesta en los foros.

„Die folgenden 2 Bücher sind mir heute bei Amazon aufgefallen. Sie sind noch relativ neu und laut Beschreibung genau auf Newbies zugeschnitten." (http://serversupportforum.de/forum/b-cher/527-buchtipps-f-r-newbies.html)

Noob (der, -s, -s) = (voz inglesa) noob. OBS: Concepto imprecatorio con el que se designa al neófito en las lides informáticas; persona que sabe poco o nada de informática y muestra un comportamiento inmaduro, alardoso y presumido.

„Es gibt grundsätzlich 2 Arten von Noobs. Da wären die Newbies, die sich das erste Mal registrieren, sich die Forenregeln durchlesen, die Stickys studieren und dann ihr Anliegen in das richtige Unterforum posten. Oder es gibt die Anderen..." (http://forum.dalailamer.org/seite/brauch/noob.html)

Online = *online / en línea, ciber-*. OBS: Las palabras compuestas con el adverbio *online* son especialmente productivas en lengua alemana, al igual que en castellano el lexema *ciber-* da lugar a numerosísimos compuestos novedosos (cibercacos, cibercuernos, ciberbancos, etc.). Muchos de ellos como *Onlineshopping, Onlinebanking, Onlinezeitung* ya fueron introducidos como neologismos en los diccionarios debido precisamente a su cotidianeidad y uso recurrente. De continuo se originan nuevas creaciones de este tipo como *Onlinevideothek, Onlinereisebüro*, etc. En el caso de estos lexemas existe todavía cierta inseguridad con respecto a la ortografía. Por esta razón aparecen a menudo escritos con guión. Siguiendo esta línea merecen especial atención los siguientes neologismos:

Onlineanzeigenmarkt (der, -es, -¨e) = anuncios online / en línea.

„Der kostenlose Onlineanzeigenmarkt bietet für jeden etwas." (http://sparurlaub24-15.katalog-urlaub.com/tltlde)

Onlinebanking (das, -s, sin pl.) = e-banking.

"Sicherheitsexperten der Bochumer Ruhruniversität haben das moderne iTAN-Verfahren beim Onlinebanking geknackt." (*Ksta*, Online-Ausgabe, 11.11.2005: http://www.ksta.de/html/artikel/1131691241068.shtml)

Onlinebildverwaltung (die, -, -en) = administración de fotos (digitales) online.

"Janine ist Angestellte bei einer großen Firma, die diese Onlinebildverwaltung gern für Ihre Kunden anbieten will." (http://www.ubuntu-forum.de/drucken/14 064/1/Microsoft-kooperiert-mit-Novell.html)

Online-Buchhändler (der, -s, -) = librero online.

"Von seinem Lager in Bad Hersfeld aus verschickt der US-Online-Buchhändler Amazon bis zu 400000 Artikel täglich." (*Deutschland* Nr. 3, Juni/Juli 2006, 61)

Onlinedurchsuchung (die, -, -en) = registro o cacheo online. OBS: Expresión referida al acceso oculto del Estado a cualquier ordenador para buscar datos sospechosos para evitar de esta manera el crimen organizado.

"Das Bundesverfassungsgericht will grundsätzlich über die Zulässigkeit von Online-Durchsuchungen entscheiden."
(http://www.tagesschau.de/inland/onlinedurchsuchung10.html)

Online-/offline-Computerkonferenz (die, -, -en) = conferencias por ordenador, conectados o no a Internet.

Onlinelearning (das, -s, sin pl.) = e-learning.

Onlinelexikon (das, -s, -ka) = enciclopedia virtual. OBS: Expresión que hace referencia a internet como una novedosa herramienta de conocimiento de consulta virtual.

"Allein in der deutschsprachigen Version des Onlinelexikons sind derzeit deutlich mehr als hundert Artikel gesperrt – etwa die Einträge zum Zweiten Weltkrieg, dem Papst oder auch zum Entertainer Hape Kerkeling." (*Presse und Sprache* Nr. 597, Oktober 2006, 9)

I – Informationstechnologie

Online-Spiel (das, -s, -e) = juego virtual.
„Mehr als vier Millionen Menschen fasziniert dieses Online-Spiel inzwischen." (*Presse und Sprache* Nr. 604, Mai 2007, 2)

Online-Tagebuch (das, -s, -¨er) = diario electrónico.
„Blog ist die Kurzform von *Weblog*, das weithin mit Online-Tagebuch übersetzt wird." (*Presse und Sprache* Nr. 598, November 2006, 9)

Phishing (das, -s, -s) = phishing/engaño. OBS: Anglicismo referido a los timos que *pescan información* a través de internet. En la lengua alemana, los compuestos surgidos en torno a este nuevo fenómeno son inusitadamente frecuentes generando nuevos conceptos como: **Anti-Phishing-Service, Phishing-Angriffe, Phishing-Attacken, Phishing-Betrüger, Phishing-Experte, Phishing-Websites, Phishing-Sites, Phishing-Erkennung, Phishing-Emails, Phishing-Methode, Phishing-Opfer, Phishing-Hochburg, Phishing-Verdächtige**, etc.
„Als ‚Phishing' bezeichnet man eine Methode des Diebstahls vertraulicher Daten von Internet-Nutzern, z.B. Kreditkartennummern, Bankverbindungen, PIN oder auch Zugangsdaten zu Internetdiensten. Der Begriff ‚Phishing' stammt aus der Hacker-Szene." (www.airplus.com/de/content/e20)

Phishingmail (die, -, -s) = correo phishing.
„Falls Sie glauben, dass Sie Opfer einer Phishingmail geworden sind und Ihre Anmeldedaten preisgegeben haben, dann gilt Folgendes:" (Commerzbank: https://www.commerzbank.de/homepage/sicherheit.html)

(große) Pixel-Party (die, -, -s) = la gran fiesta de los píxeles. OBS: expresión referida a la *Games Convention*, la feria internacional de ocio digital (ordenadores y videojuegos) que se celebra en la ciudad alemana de Leipzig.
„Die große Pixel-Party: Das Geschäft mit Computerspielen wächst rasant. Die Games Convention in Leipzig ist die weltgrößte Messe für digitale Unterhaltung." (*Presse und Sprache* Nr. 609, Oktober 2007, 6)

Raubkopie (die, -, -n) = copia pirata, copia ilegal o no autorizada.

„Dies und der Umstand, dass durch Modchips auch Raubkopien auf den Geräten laufen, verärgert aber die Hersteller der Konsolen." (*Süddeutsche Zeitung*, Online-Ausgabe, 10.10.2005: http://www.sueddeutsche.de/computer/artikel/192/62130/)

Roaming (das, -s, sin pl.) = roaming. OBS: Voz anglosajona, de común circulación y sin visos de germanización, que hace referencia a la disposición de cobertura para redes de telefonía móvil más allá del servicio local.

„T-Mobile: Roaming ist nicht produktiv: Wo T-Mobile Wachstumsmöglichkeiten für Mobilfunker sieht." (http://www.golem.de)

simsen (v. intr.) = simsear (escribir un SMS).

„Mensch spricht - Handy simst. Samsung bringt in Amerika ein Handy mit sprachgesteuerter SMS-Funktion auf den Markt." (*Süddeutsche Zeitung*, Online-Ausgabe, 22.04.2005: http://www.sueddeutsche.de/computer/artikel/853/51802/)

skyp-o-fonieren, skypofonieren / skypen = skypear. OBS: «Lass' uns mal skypen!» Es una frase que se ha puesto muy de moda en el coloquio, de manera que ya forma parte de la variopinta fraseología telemática del alemán. *Skype* es un VOIP-software gratuito que sirve para hacer llamadas gratuitas de ordenador a ordenador a través de internet y llamadas de pago a teléfonos fijos y a móviles (SkypeOut). *Skypofonieren* o *skypen* designa las llamadas que se realizan con este tipo de software.

„Ich mag ihn total gerne, und es ist immer nur lustig, wenn wir skypofonieren oder so plaudern (http://my.sms.at/readytorumble18/)!". (http://www.netzeitung.de/spezial/internettelefonie/328964.html)

Software-Entwicklung (die, -, -en) = desarrollo y nuevos descubrimientos en software. „Heute beschäftigt SAP fast 390000 Mitarbeiter, darunter allein 106000 Beschäftigte in der Software-Entwicklung." (*Deutschland* Nr.1, Februar/März 2007, 48)

Softwarehersteller (der, -s, -) = productor de software.

„Das Unternehmen SAP wurde 1972 von fünf ehemaligen IBM-Mitarbeitern gegründet und stieg innerhalb von nur 30 Jahren von einem regionalen Softwarehersteller zum weltweit führenden Anbieter von Unternehmenslösungen auf." (*Deutschland* Nr.1, Februar/März 2007, 48)

Softwareindustrie (die, -, -n) = la industria del software.

„In einer innovationsgetriebenen Industrie wie der Softwareindustrie wird der Unternehmenserfolg fast ausschließlich durch die Mitarbeiter und deren Wissen und Innovationskraft bestimmt." (*Deutschland* Nr. 1, Februar/März 2007, 49)

texten (v. tr.) = redactar o componer un SMS. OBS: Este ejemplo muestra que las lenguas vivas están sujetas a cambios continuos aunque a menudo la comunidad lingüística no es consciente de estos cambios. Se trata de un anglicismo que ha sufrido una ampliación semántica. Originariamente *texten* se utilizaba para redactar textos publicitarios y letras de canciones. Hoy en día se usa para escribir un mensaje corto en el teléfono móvil.

„Texte mir mal die Nummer und wann du normalerweise da bist (sind 2 Stunden Zeitverschiebung, oder?). Also wir hoeren [sic] uns" (http://www-user.tu-chemnitz.de/~drj/index.php?page=8&id=81&jahr=2006&monat=02)

tickern (v. tr.) = enviar un mensaje a través del telefono movil, escribir un sms.

„Am Wochenende war Luisa mit Jan-Lukas noch im Freibad, jetzt tickert der 15-Jährige der 13-Jährigen per SMS, dass er mit ihr Schluss macht." (*Presse und Sprache* Nr. 608, September 2007, 10)

Touchdisplay (das, -s, -s) = pantalla táctil. OBS: Nuevo término surgido en el ámbito de la tecnología de imagen digital.

„Tasten und Touch-Display sind nach Ihren Wünschen frei konfigurierbar." (http://www.bonner-pc-service.de/medientechnik/PDFs/RTIim_Privathaus.pdf)

USB-Stick (der, -s, -s) = lápiz de memoria. OBS: El término español surge en relación con el inglés *pen drive*.

„Auch wenn inzwischen hoffnungslos veraltet, erfreuen sich 3,5-Zoll-Disketten immer noch großer Beliebtheit. Das sollte sich bald ändern, denn USB-Sticks haben den altmodischen Plastikquadraten einiges voraus." (*Ksta*, Online-Ausgabe, 26.06.2003: http://www.ksta.de/html/artikel/1056381341830.shtml)

USB-Telefonhörer (der, -s, -) = teléfono VOIP, telefonía IP. OBS: Esta expresión está formada por una abreviatura inglesa (*Universal Serial Bus*, puerto USB en el ordenador) y por un radical alemán que representa el calco semántico de la voz. La influencia del anglicismo *USB-Phone* todavía se reconoce en la palabra alemana.

„Alternativ kann ein so genanntes Softphone zusammen mit einem Headset oder einem USB-Telefonhörer verwendet werden."
(http://www.teltarif.de/i/voip.html?page=4)

Usertipp (der, -s, -s) = consejo para el usuario.

„Im Mittelpunkt stehen Usertipps und Eventhinweise, Mode, auch Klatsch und das Neueste, was gerade in Second Life erschaffen wird." (*Presse und Sprache* Nr. 604, Mai 2007, 2)

Webapotheke (die, -, -n) = farmacia online.

„Wir begrüßen Sie herzlich in unserer Webapotheke."
(http://www.teutoburger-apotheke.de/html/apotheke.htm)

Weblog (der/das, -s, -s) = (voz inglesa) webblog, diario electrónico.

„Drudge veröffentlichte die Geschichte auf dem republikanischen Weblog freerepublic.com." (*Presse und Sprache* Nr. 598, November 2006, 9)

Webpirat (der, -en, -en) = pirata de la red. OBS: Expresión referida a las personas que realizan actividades ilegales en internet como por ejemplo la difusión de copias piratas.

„Bundesregierung will gegen Webpiraten vorgehen." (*Der Spiegel* 34/07, 48)

Webradio (das, -s, -s) = radio digital.

„Seither hat sich diese Form von Webradio rasend schnell verbreitet." (Berliner Zeitung, Online-Ausgabe, 03.01.2006: http://www.berlinonline.de/berliner-zeitung/archiv/.bin/dump.fcgi/2006/0103/medien/0164/index.html?keywords=Webradio;every=1;utf8=1;mark=webradio)

Wikianer (der, -s, -) = wikiano. OBS: La expresión se refiere al usuario activo de la enciclopedia online *Wikipedia*.

„Die Wikianer sind bestimmt äußerst dankbar, wenn sie mit Informationen versorgt werden." (http://admintrixie.de/juniausgabe/seite_7.htm)

Wikipedia-Artikel (der, -s, -) = (del hawaiano 'wiki', significa 'rápido') artículos enciclopédicos de wikipedia. OBS: En un principio se permitió a los internautas agregar sus definiciones y nuevos conceptos sobre cualquier cuestión. Ahora su acceso parece restringirse para evitar los errores e ignorancia en la definición.

„Der durchschnittliche Wikipedia-Artikel enthielt demnach vier Ungenauigkeiten, bei Britannica waren es drei." (Presse und Sprache Nr. 597, Oktober 2006, 9)

Zeitungsportal (das, -s, -e) = portal de un periódico/periódico digital.

„Ein Hackerangriff hat das Zeitungsportal Donaukurier in Ingolstadt aus dem Netz geworfen." (http://www.shortnews.de/start.cfm?id=295024)

Zwangsupdate (das, -s, -s) = actualización obligatoria. OBS: El término hace referencia a la actualización forzosa a la que se ven sometidos los usarios de software o de hardware sin su consentimiento o previo acuerdo.

„So seit heute nacht gibt es das ‚Zwangsupdate' für alle Windows-User mit dem neuen IE 7." (http://forum.dmk-internet.com/allgemein/6805-seite-heute-nacht-zwangsupdate-de-ie-7-a.html)

K

♦ **Kunst und Kultur**
  • **Kulturelle Ausprägung und Entwicklung**
  • **Nation (national)**

  (Arte y Cultura: fenómenos culturales; nación (nacional))

Canossagang (der, -s, sin pl.) = la marcha hacia Canossa. OBS: Reducción del giro idiomático *der Gang nach Canossa*. Se refiere a la marcha penosa y humillante que llevó a Enrique IV a suplicar al Papa Gregorio VII que lo liberara de su excomunión.
„Es war so demütigend gewesen, ein Canossagang nach dem anderen." (Barbara Noack, *Brombeerzeit*, 30)

Ethnizität (die, -, -en) = etnicidad.
„Deutschland scheint eine Hülle aus Lebensbedingungen zu sein, die man schätzt und an der man tätig und loyal teilhaben will. Zugleich bleibt der individuelle Grund zurückgebunden an neu hergestellte Formen eigener Ethnizität." (*Kulturjournal* 3/05, 46)

EU-Expertenjury (die, -, -s) = comisión de sabios/expertos de la Unión Europea. OBS: El término hace referencia aquí a la comisión encargada de cuestiones de cultura.
„Eine EU-Expertenjury wählte sie für dieses Jahr zur Kulturhauptstadt Europas." (*Deutschland* Nr. 2, April/Mai 2007, 32)

Gemüseorchester (das, -s, -) = orquesta de verduras. OBS: El término alude a una orquesta muy particular, de origen vienés, que utiliza como instrumentos musicales, entre muchos otros, la zanahoria-flauta, el rábano-marimba, los apios-bongos o el puerro-violín y que experimenta con los sonidos de las verduras en general.

K – Kunst und Kultur

„Das Gemüseorchester aus Wien feiert seinen zehnten Geburtstag." (*Presse und Sprache* Nr. 616, Mai 2008, 12)

Gurkophon (das, -s, -e) = el pepinófono. OBS: La nueva expresión se refiere al pepino como instrumento musical peculiar utilizado por la Orquesta de Verduras.

„Ernst Reitermaier spielt das Gurkophon." (*Presse und Sprache* Nr. 616, Mai 2008, 12)

Heimatkultur (die, -, -en) = cultura "nativa", la cultura propia del país.

„Zudem haben die Beherrschung einer Fremdsprache und die Kenntnisse über eine fremde Kultur nicht immer zur Folge, dass Lernende den Ethnozentrismus in Bezug auf ihre Muttersprache und ‚Heimatkultur' überwinden". (*Referenzrahmen*, 134)

Latin-Pop-Ikon (también die Ikone, -, -n) (das, -s, -e) = icono de música pop latina. OBS: El vocablo surge en un momento en el que el pop latino - como género musical ya fuertemente arraigado en la cultura juvenil – se extiende a otras capas sociales y a un público cada vez más especializado e interesado en corrientes de raíces latinas.

„Flotte Sprüche streut Schöneberger immer wieder ein. ‚Ich bin die Gloria Stefan von Othmarschen!', ruft sie, als sie wie die Latin-Pop-Ikone über die Bühne tanzt." (*Presse und Sprache* Nr. 610, November 2007, 8)

Lauchgitarre (die, -, -en) = el puerro-guitarra.

„Manchmal klingt es wie Tiergeräusche, manchmal schrill und hoch, wie zum Beispiel die Lauchgitarre." (*Presse und Sprache* Nr. 616, Mai 2008, 12)

Möhrenflöte (die, -, -en) = la zanahoria-flauta.

„So schön ist Gurkenmusik. Musiker mit Möhrenflöte und Gurkophon." (*Presse und Sprache* Nr. 616, Mai 2008, 12)

Plurikulturalität (die, -, sin pl.) = pluriculturalismo.

„Mehrsprachigkeit muss im Kontext der Plurikulturalität gesehen werden." (*Referenzrahmen*, 18)

Plurikulturalismus (der, -, sin pl.) = pluriculturalismo.

„Erweitert man das Konzept der Mehrsprachigkeit und des Plurikulturalismus dahingehend, dass es auch die Situation all derjenigen berücksichtigt, die in ihrer Muttersprache und ‚Heimatkultur' verschiedenen Dialekten und der für komplexe Gesellschaften charakteristischen kulturellen Vielfalt ausgesetzt sind, so wird deutlich, dass auch hier wieder Unausgewogenheiten (oder, anders ausgedrückt, verschiedene Typen von Ausgewogenheit) die Norm sind." (*Referenzrahmen*, 133)

plurikulturell (adj.) = pluricultural.

„Das plurikulturelle Profil unterscheidet sich von dem mehrsprachigen Profil." (*Referenzrahmen*, 132)

schulische Subkultur (die, -, -en) = subcultura escolar. OBS: Este vocablo recobra una nueva dimensión conceptual en la cultura escolar actual y su sociología como ‚avance y movimiento de mejora' en el cambio escolar.

„Wir sammeln schon seit längerer Zeit Spickzettel und alles andere aus schulischer Subkultur, sagt er." (*Presse und Sprache* Nr. 610, November 2007, 10)

M

- ♦ **Medien**
  - **Presse**
  - **Fernsehen**
  - **Film und Kino**
  - **Radio und Audio**

(Medios de Difusión: Prensa, televisión y cine, radio y audio)

Bezahlfernsehen (das, -s, sin pl.), auch **Pay-TV (das, -s, sin pl.)** = televisión de pago.
„Pro Sieben Sat 1 steigt ins Bezahlfernsehen ein." (*Handelsblatt*, 05.04.2006, 8)

Bilderstrecke (die, -, -n) = galería de fotos.
(Rúbrica en: *Die Welt*) http://www.welt.de

Doof-TV (das, -(s), sin pl.) = televisión basura, programas basura.
„Kein Mensch ist so blöd wie die Shows, die wir produzieren, hält er dem Programmchef Maiwald entgegen und entlarvt das ‚Doof-TV' (Bild-Zeitung) mit einem Zitat aus Hitlers ‚Mein Kampf' als faschistische Verschwörung." (*Presse und Sprache* Nr. 612, Januar 2008, 8)

3D-Projektion (die, -, -en) = proyección cinematográfica en tres dimensiones.
„Und sie haben so viel miteinander zu tun wie ein Schwarzweiß-Film mit einer 3D-Projektion." (*Deutschland* Nr.2, April/Mai 2007, 32)

Fotostrecke (die, -, -n) = galería de fotos.
(Rúbrica en: *Rheinische Post*) http://www.rp-online.de

Infotaining (das, -s, -s) = infotaining. OBS: Expresión que se refiere a las 24 horas de información televisa o radiofónica sobre un tema concreto.

„Unter dem Motto ‚Discover Shanghai' haben wir auf insgesamt 11 Flächen ein umfassendes Tages- und Abendprogramm rund um das Thema Shanghai entwickelt: angelegt für alle Altersgruppen, Infotaining und Entertaining." (http://publicis-interactive.net/html/pages/referenzen_siemens_cc_familientag 2007.php)

Jürgen-Vogel-Lächeln (das, -s, -) = una sonrisa al estilo Jürgen Vogel (conocido actor alemán). OBS: Es de notar aquí la forma de crear el ocasionalismo siguiendo el patrón exacto del *Durchkopplungsbindestrich*, donde la palabra determinante refiere un nombre propio.

„Jürgen Vogel reicht die Hand, lächelt sein Jürgen-Vogel-Lächeln, schlitzohrig, freundlich, mit einer Prise Ironie, seine spitzen, kleinen Zähne tauchen hinter den Lippen auf [...]." (*Presse und Sprache* Nr. 600, Januar 2007, 9)

Late-Night-Talker (der, -s, -) = presentador de medianoche.

„Vielleicht wird es dem Wortakrobaten und ‚Quotenkönig der Nacht', Late-Night-Talker Harald Schmidt, deshalb manchmal schon zu eng im Deutschen?" (*Deutschland* Nr. 6, Dezember/Januar 2003, 48)

Mediathek (die, -, -en) = biblioteca de vídeos, películas y programas en general. OBS: Aquí se refiere a la nueva y variada oferta en la programación televisiva.

„Ausgerechnet das oft als ‚alte Tante' und ‚Seniorensender' bespöttelte ZDF legt mit seiner neuen Mediathek, die pünktlich zum IFA-Beginn startet, ordentlich vor." (*Presse und Sprache* Nr. 609, Oktober 2007, 9)

Multikulti-Format (das, -s, -e) = formato televisivo multicultural.

„Neben Multikulti-Formaten wie der ARD-Vorabendserie ‚Türkisch für Anfänger' und RTL-Comedy ‚Alle lieben Jimmy', war im WDR bis vor kurzem eine Doku-Soap über den Alltag einer türkischen Großfamilie zu sehen." (*Presse und Sprache* Nr. 604, Mai 2007, 9)

M – Medien   161

Newsticker (der, -s, -) = noticias de última hora. OBS: Se trata de una sección del periódico online que en la edición clásica, es decir en formato papel, no aparece. (*Rheinische Post*) http://www.rp-online.de

Quotenkönig (der, -s, -e) = rey de las audiencias.

„Vielleicht wird es dem Wortakrobaten und ‚Quotenkönig der Nacht', Late-Night-Talker Harald Schmidt, deshalb manchmal schon zu eng im Deutschen?" (*Deutschland* Nr. 6, Dezember/Januar 2003, 48)

Schmachtschinken (der, -s, -) = peliculón/bodrio sentimental. OBS: Se trata de una construcción exocéntrica donde especialmente la palabra fundamental carece de transparencia semántica.

„Ja, und der brachte mich in einem Schmachtschinken unter, einem historischen. ‚Leiden einer Königin', hieß er. (Barbara Noack, ... *und flogen achtkantig aus dem Paradies*, 85)

Telefonjoker (der, -s, -) = el comodín del teléfono. OBS: Expresión surgida en el entorno léxico de los concursos televisivos que hace referencia a la posibilidad que tiene el concursante de realizar una llamada de ayuda.

„Oder ist die ganze Veranstaltung vielleicht doch nur ein Gaudium auf Quiz-Show-Niveau? (In diesem Fall möchte ich das Wort Telefonjoker für die Liste der Unwörter nominieren.)" (*Presse und Sprache* Nr. 614, März 2008, 8)

Unterschichtenfernsehen (das, -s, -) = televisión para capas sociales inferiores.

„Der Film führt uns durch die Welt eines ultimativen ‚Unterschichtenfernsehens': Mit Shows wie ‚Hol' dir das Superbaby', in der Spermien um die Wette schwimmen, begeistert TV-Produzent Rainer das Land." (*Presse und Sprache* Nr. 612, Januar 2008, 8)

Werbemüll (der, -s, sin pl.) = propaganda basura. OBS: Término cada vez más utilizado para designar la basura que inunda no sólo los buzones sino también la que colapsa la cenralita de teléfonos o faxes.

„Der Ärger fängt schon beim Briefkasten an: ein bunter Haufen Werbemüll." (*Presse und Sprache* Nr. 602, März 2007, 7)

zusammencasten (v. tr.) = reunir en un casting.

„"Die Zielgruppe war übersättigt von zusammengecasteten Boy-Bands', sagte Ingo Barlovic von Icon Kids & Youth aus München [...]." (*Presse und Sprache* Nr. 592, Mai 2006, 3)

♦ **Mensch (Körper und Seele)**
• **Verhaltensweisen**

(El Hombre (Cuerpo y Alma): Comportamiento)

auch-bloß-Mensch (der, -en, -en) = sólo humano.
„Im sanftesten Fall verlässt die Mutter achselzuckend die Arena. Meistens knallt sie die Tür. Sie braucht den Knall als auch-bloß-Mensch." (Barbara Noack, *Ein Platz an der Sonne*, 234)

Cheeselächeln (das, -s, -) = sonrisa fingida. OBS: Expresión referida a la sonrisa que se finge al mirar a la cámara diciendo *patata*.
„Ihre helle, vergilbte Mähne, vom Pflücken ganz durcheinander, ihr privates Glück statt eines routinierten Cheeselächelns." (Barbara Noack, ... *und flogen achtkantig aus dem Paradies*, 65)

einfingrig (adj.) = con un dedo. OBS: Unidad polilexical obtenida mediante el proceso de composición denominado *Zusammenbildung*.
„Harry tippt einfingrig einen längst fälligen Brief nach Hause." (Barbara Noack, *Ein Stück vom Leben*, 110)

fassbäuchig (adj.) = barrigudo. OBS: Expresión coloquial referida a una barriga como un tonel de grande. Se trata de una construcción obtenida mediante *Zusammenbildung*.
„Ein kurzbeiniger, faßbäuchiger, schwarzgekleideter alter Mann mit fettiger Baskenmütze auf dem kahlen Schädel schlägt mit seiner Kugel zwei andere scharf ab und landet direkt am ‚cochon'." (Barbara Noack, ... *und flogen achtkantig aus dem Paradies*, 68)

Filigrangeräusch (das, -es, -e) = ruido fino y sutil. OBS: Esta lexía compleja puede inducir a una transferencia semántica negativa al español por cuestiones de interferencia de la palabra *Filigran*.
„Vögel trippelten übers Dach, ein Filigrangeräusch." (Barbara Noack, *Ein Stück vom Leben*, 40)

Flattermagen (der, -s, -mägen) = estómago de mariposas. OBS: Variante creada en analogía con la expresión *Flatterherz*.

„Vor jeder Mathearbeit hatte ich einen Flattermagen, [...]" (Barbara Noack, *Ein Platz an der Sonne*, 248)

froschfröhlich = fresco, alegre como una rana.

„Noch immer dieser froschfröhliche Jungmädelton." (Barbara Noack, *Brombeerzeit*, 62)

Geiz-ist-geil-Mentalität (die, -, sin pl.) = la mentalidad del consumidor que siempre espera la ganga o promoción. OBS: La palabra es un buen ejemplo de sinapsia, donde la unión entre los elementos integrantes es sintáctica y posee un valor semántico semejante a la expresión *bueno, bonito y barato* del castellano.

„Aber es sei anstrengender geworden, sich gegen die Geiz-ist-geil-Mentalität zu behaupten." (*Presse und Sprache* Nr. 614, März 2008, 3)

Haltsuchen (das, -s, sin pl.) = búsqueda de apoyo. OBS: Se trata de un término obtenido a través del proceso de conversión donde el verbo de partida acaba convirtiéndose en un elemento perteneciente a otra clase de palabra sin la adición de un afijo, en este caso, en un sustantivo.

„Es war wie ein Haltsuchen." (Barbara Noack, *Brombeerzeit*, 158)

Hilflos-ausgeliefert-Sein (das, -s, sin pl.) = cualidad de desamparo a merced de alguien. OBS: Transcategorización en sustantivo mediante el proceso de *Zusammenrückung*.

„Dieses Hilflos-ausgeliefert-Sein war für ihn das Schlimmste gewesen." (Barbara Noack, *Brombeerzeit*, 25)

Intelligenzler (der, -s, -) = un tipo intelectual.

„Jonathan war kein Sonnyboy wie Paul, kein Charmeur wie Mac und schon gar kein mädchenfressender Wolf, eher ein Intelligenzler und somit ein Außenseiter in unserer Crew." (Barbara Noack, *Ein Stück vom Leben*, 122)

Jammertirade (die, -, -en) = (una) sucesión de quejidos, una retahíla de lamentaciones. OBS: Este tipo de formación cobra especial relevancia desde el punto de vista funcional y textual como ocasionalismo *ad-hoc*, dado que los segmentos que la integran son libres y existen independientemente en otros contextos. Caso idéntico se reproduce en los tres siguientes ejemplos.

„Während dieser Jammertirade lehnte Hedwig schweratmend im Hausflur und hörte alles mit an." (Barbara Noack, *Ein Stück vom Leben*, 100)

Jungmädelton = tono de niña adolescente.

„Noch immer dieser froschfröhliche Jungmädelton." (Barbara Noack, *Brombeerzeit*, 62)

Leichter-Lebigkeit (die, -, -en) = forma de vivir más leve, más desenfadada y libre de ataduras.

„Was als kleiner Angriff auf meine Leichter-Lebigkeit gestartet worden war, versiegte in einem unbewusst neidischen 'Du bist frei'." (Barbara Noack, *Ein Stück vom Leben*, 127)

Nicht-mehr-entrinnen-Können (das, -s, sin pl.) = (la sensación de) no tener escapatoria. OBS: Esta expresión es un buen ejemplo de transcategorización de un sintagma completo mediante el proceso compositivo de *Zusammenrückung*.

„Angst nistete sich vor diesem Nicht-mehr-entrinnen-Können, das Gefühl trappelnde Fliegen im Netz zu sein, auf die Spinne wartend." (Barbara Noack, *Ein Stück vom Leben*, 24)

(sich) outen (v. reflexivo) = (voz inglesa) destaparse, descubrirse.

„Wer klatscht, outet sich sofort als Nichtakademiker." (*Deutschland* Nr. 1, Februar/März 2007, 7)

Pauschalreue (die, -, -n) = arrepentimiento en bloque, arrepentimiento generalizado.

„Sein Kuss zum Abschied enthielt Pauschalreue für alle Mißstimmungen der letzten Wochen, an denen er Schuld gewesen war." (Barbara Noack, *Ein Stück vom Leben*, 7)

pudelsplitternackt (adj.) = en cueros, totalmente desnudo (como un caniche recién esquilado).
  „Wir haben sie erst gesehen, als wir als letzte pudelsplitternackt aus dem See stiegen." (Barbara Noack, *Brombeerzeit*, 115)

Sammelwut (die, -, sin pl.) = coleccionismo compulsivo. OBS: Sustantivo abstracto sin plural que hace referencia al afán desmedido de coleccionar. La palabra fundamental permite numerosas acuñaciones *ad-hoc*: **Putzwut, Kochwut, Eincremewut, Reibewut, Waschwut**, etc.
  „Das ist erst der Anfang einer Kette von Ärgernissen, die Picayunes Sammelwut auslöst." (Barbara Noack, ... *und flogen achtkantig aus dem Paradies*, 62)

Sehschlitz (der, -es, -e) = mirillas. OBS: En el argot militar, el término significa "abertura, ranura visual". Aquí se utiliza como una expresión metafórica para ojos. En el interior del texto *Sehschlitz* marca la cohesión textual y toma el significado de su antecedente *Augen*.
  „Kein Mensch weiß, was George für Augen hat. Es sind *Sehschlitze*, hinter denen er kühl beobachtet, abwartet und sich selbst verbirgt." (Barbara Noack, ... *und flogen achtkantig aus dem Paradies*, 62)

Sich-selber-was-Singen (das, -s, sin pl.) = canturrear para sí mismo. OBS: Unidad polilexical que amalgama todo un grupo sintáctico y es obtenido mediante el denominado proceso compositivo *Zusammenrückung*.
  „Ich ging mit dem Hund spazieren. Dabei begegnete mir ein kleines Mädchen auf dem Heimweg von der Schule. Ein Mädchen voller Hopsen und Sich-selber-was-Singen und Stehenbleiben und alles Angucken." (Barbara Noack, *Ein Platz an der Sonne*, 219)

Sturmtränen (die Sturmträne, -, -n) = lágrimas tempestivas.
  „Sie tauschten kalte Wangen und kalte Küsse und Sturmtränen und einen herzlichen Hauch Knoblauch mit Rosmarin." (Barbara Noack, ... *und flogen achtkantig aus dem Paradies*, 50)

talken (v. intr.) = parlotear, hablar. OBS: Expresión que surge de la voz inglesa *to talk* y que se ha adaptado al patrón verbal alemán.
  „Talken Sie wieder mit uns!" (http://www.fifilm.com/art_press.htm)

Totenkälte (die, - , sin pl.) = un frío de muerte/de espanto. OBS: Se trata de una innovación léxica, un ocasionalismo formado en analogía con la unidad lexicalizada *Grabeskälte*. „Aus Mauerhöhlen strömte Totenkälte." (Barbara Noack, *Ein Stück vom Leben*, 144)

Vorzeige-Conti-Frau (die, -, -en) = mujer modelo/coraje "Contergan". OBS: Desde un punto de vista conceptual, el vocablo hace referencia a las víctimas afectadas por la talidomina, compuesto principal del fármaco 'Contergan' y causante de malformaciones físicas a bebés. Morfológicamente se trata de un compuesto *ad-hoc* integrado por una combinación de elementos no homogéneos donde aparecen tanto palabras simples, compuestas como abreviadas.
„Ich will mich nicht vor den Karren der Vorzeige-Conti-Frau spannen lassen, und ich bin kein Opfer – von niemandem." (*Presse und Sprache* Nr. 611, Dezember 2007, 5)

wallraffen (v. intr.) = periodismo de investigación. OBS: Creación léxica obtenida a partir del nombre propio Günter Wallraff, un periodista muy conocido de los años 60, cuyos reportajes, investigaciones y entrevistas marcaron un hito en la época. En ellas Wallraff aparecía siempre de incógnito a fin de destapar fraudes o descubrir malversaciones, en definitiva, prácticas poco éticas. El término ha dado lugar a otro tipo de composiciones como **Wallraff-Enthüllungen**, etc.
„Doch jetzt hat der Mann wieder gewallrafft, diesmal hat er sich in Call-Centern verdingt." (*Presse und Sprache* Nr. 614, März 2008, 8)

Zugucker (der, -s, -) = mirón.
„In seiner Stimme wird all der Ekel hörbar, den er für Zugucker empfindet. (Barbara Noack, *... und flogen achtkantig aus dem Paradies*, 49)

Zweitagebart (der, -s, ¨-e) = una barba de dos días. OBS: Este ejemplo representa un modelo muy productivo que puede dar lugar a numerosas variaciones simplemente cambiando el elemento determinativo: **Drei-/Vier-/Fünftagebart**, etc.

„Es handelte sich um einen jungen Mann mit Zweitagebart und einem Ringelchen im Ohr." (Barbara Noack, *Brombeerzeit*, 18)

- ◆ **Migration**
  - **Integration**
  - **Herkunft**

  (Migración: integración y procedencia)

Akkulturationsbemühung (die, -, -en) = esfuerzo(s) de aculturación. OBS: El término se refiere aquí, muy especialmente, al proceso de asimilación cultural por parte de un grupo humano inmigrante.
„Zugleich muss es aber auch um Ehrlichkeit gehen, denn ein bestimmtes Maß an Akkulturationsbemühungen ist für eine erfolgreiche Integration unabdingbar." (*Presse und Sprache* Nr. 616, Mai 2008, 2)

Assimilation (die, -, -en) = asimilación cultural. OBS: En este campo semántico, el concepto se utiliza con una nueva dimensión pragmática, en el sentido de aculturación.
„Die Rede des türkischen Ministerpräsidenten Erdogan in der Köln-Arena hat uns eine neue Integrationsdebatte beschert. Leider verläuft sie wieder in den sattsam bekannten Bahnen: Bedeutet Integration Assimilation?" (*Presse und Sprache* Nr. 616, Mai 2008, 2)

Deutsch-Werden (das, -, sin pl.) = obtención de la nacionalidad alemana o de cómo se llega a ser un ciudadano alemán con todos sus derechos.
„Einbürgerung. Lesebuch über das Deutsch-Werden." (*Presse und Sprache* Nr. 610, November 2007, 2)

Drittklassgefühl (das, -s, -e) = una sensación de ciudadano de tercera.
„Sie spürte zum ersten Mal das Drittklassgefühl Heimatloser." (Barbara Noack, *Ein Stück vom Leben*, 77)

Gastschwester (die, -, -n) = hermana de acogida.
„Sophie ist Sallys Gastschwester. Im Frühjahr war sie bei Sally in Peking." (*Presse und Sprache* Nr. 609, November 2007, 3)

Gastspiel (das, -s, -e) = permanencia temporal del emigrante. OBS: El término, en realidad y en su sentido recto, se refiere a una obra teatral que se representa o se estrena en otra ciudad de acogida; sin embargo, en el texto, el término sufre a través del proceso de catacresis una neología de sentido en su acepción más amplia y hace referencia al emigrante que tiene prevista una estancia temporal, habitualmente breve, en el país extranjero.

„Die deutsche Seite ging auch von einem kurzen 'Gastspiel' aus: die Ausländer sollten die Lücken auf dem Arbeitsmarkt nur kurzfristig schließen." (*Presse und Sprache* Nr. 615, April 2008, 5)

Geburtsortprinzip (das, -s, -ien) = el principio del lugar de nacimiento. OBS: La petición de la nacionalidad de los hijos puede cursarse en base a dos principios fundamentalmente: 1) el principio consanguíneo y 2) el principio del lugar de nacimiento.

„Die deutsche Identität war im Kern immer ethnisch-kulturell definiert, was im Staatsangehörigkeitsrecht bis zur Reform im Jahr 2000, als erstmalig das Geburtsortprinzip eingeführt worden ist, deutlich wurde." (*Presse und Sprache* Nr. 616, Mai 2008, 2)

Integrationsbeauftragter (adj. nominalizado: der Beauftragte, -n, -n) = encargado de integración de inmigrantes. OBS: La expresión está generando, asimismo en el vocabulario político actual, numerosos neologismos del tipo: **Fußball-Integrationsbeauftragter** (der Deutsche Fußball-Bund für die Integration), etc.

„Für den Berliner Integrationsbeauftragten Günter Piening beweisen die Zahlen, 'dass sich unsere Gesellschaft immer weiter öffnet und eben nicht in abgeschottete 'Parallelgesellschaften' zerfällt'." (*Presse und Sprache* Nr. 605, Juni 2007, 5)

Integrationsdebatte (die, -, -n) = el nuevo debate suscitado acerca de la integración de inmigrantes. OBS: El concepto resurge en el ámbito de las nuevas políticas sobre inmigración adoptadas por la UE. En estrecha relación con dicho debate surgen numerosas composiciones como **Integrationsprojekte**, etc.

„Die aktuelle Integrationsdebatte sollte für die deutsche Politik Anlass sein, ihr Konzept der Zuwandererintegration zu überdenken und diese um zusätzliche Maßnahmen zur rechtlichen Gleichstellung zu ergänzen." (*Presse und Sprache* Nr. 616, Mai 2008, 2)

Integrationsleistung (die, -, -en) = esfuerzo de integración.

„Nach den neuen Beschlüssen kann diese Zeit auch auf sechs Jahre verkürzt werden, wenn ‚besondere Integrationsleistungen' vorliegen." (*Deutschland* Nr. 3, Juni/Juli 2006, 13)

Migranten-Community (die, -, Communities) = comunidad de inmigrantes. OBS: Se trata de una composición híbrida de barbarismo más lexema autóctono.

„Auch Tatiana Lima Curvello von der Berliner Zweigstelle des Verbands binationaler Familien und Partnerschaften findet, dass die Häufigkeit binationaler Ehen die Vorstellung von hermetisch abgeriegelten Migranten-Communities und einer undurchlässigen deutschen Mehrheitsgesellschaft eindeutig widerlegt: […]." (*Presse und Sprache* Nr. 605, Juni 2007, 5)

Migrantensprache (die, -, -n) = lengua (propia) del inmigrante.

„Migrantensprachen (z.B. Italienisch, Polnisch, Russisch, Spanisch) oder nichtindoeuropäische Sprachen (z.B. Arabisch, Finnisch, Japanisch, Türkisch) sind besonders zu empfehlen." (Universität Bielefeld: Deutsch als Fremdsprache: *Profile, Module und benotete Einzelleistungen im Kernfach*, 4)

Migrationshintergrund (der, -s, -¨e) = pasado migratorio. OBS: La expresión se refiere a la persona cuya familia se ha visto obligada a emigrar o que cuenta con un antecedente de emigración en la familia.

„Geblieben sind Migranten – oder Deutsche mit Migrationshintergrund, wie es politisch korrekt heißt." (*Presse und Sprache* Nr. 615, April 2008, 5)

multikulturelle Gesellschaft (die, -, -en) = sociedad multicultural.

„Der beste Weg liegt in der Mitte zwischen der multikulturellen Gesellschaft und der Aufgabe der kulturellen Identität." (*Presse und Sprache* Nr. 616, Mai 2008, 2)

Nichtdeutsch(er Herkunft) = de procedencia no alemana. OBS: Expresión eufemística que evita ofender a la persona extranjera en lugar de calificarla como *Gastarbeiter*.

„Die 24 Schüler stammen allesamt aus Familien nichtdeutscher Herkunft, die meisten aus türkischen und arabischen." (*Presse und Sprache* Nr. 609, Oktober 2007, 2)

Optionskind (das, -es, -er) = hijo (descendiente de inmigrantes) con derecho a opción de la nacionalidad. OBS: Expresión con la que se designa a los hijos de inmigrantes que poseen la doble nacionalidad, pero que cumplidos los 18 o 23 años deben decantarse por una u otra. La palabra determinante *Option*, asimismo, posibilita en este ámbito político y jurídico la formación de numerosos compuestos con dicho referente: **Optionsantrag, Optionsgesetz, Optionskinder, Optionsmodellkritiker, Optionsrecht.**

„Farbod ist ein ‚Optionskind'. Das ‚Optionsmodell' stellt junge Menschen vor die Wahl: Welcher Nation gehöre ich an, welchen Pass will ich mein Leben lang behalten?" (*Presse und Sprache* Nr. 624, Januar 2009, 1)

Optionsmodell (das, -s, -e) = modelo de solicitud de la nacionalidad por opción para mayores de 18 años. OBS: La expresión hace referencia a la opción como un modo de adquirir la nacionalidad alemana a través de modelos de solicitud normalizados.

„Das ‚Optionsmodell' stellt junge Menschen vor die Wahl: Welcher Nation gehöre ich an, welchen Pass will ich mein Leben lang behalten?" (*Presse und Sprache* Nr. 624, Januar 2009, 1)

Parallelgesellschaft (die, -, -en) = sociedad paralela. OBS: El término hace referencia a la comunidad extranjera que convive en un país de acogida.

„Für den Berliner Integrationsbeauftragten Günter Piening beweisen die Zahlen, ‚dass sich unsere Gesellschaft immer weiter öffnet und eben nicht in abgeschottete ‚Parallelgesellschaften' zerfällt'." (*Presse und Sprache* Nr. 605, Juni 2007, 5)

Parallelwelt (die, -, -en) = mundo paralelo. OBS: La expresión se refiere a la persona que vive a caballo entre dos situaciones y mundos culturales muy dispares.

„Oft sind es doch eher Probleme, die das Bild von Migranten in der Öffentlichkeit prägen: die Diskussion über Jugendkriminalität, das Kopftuch, Parallelwelten oder mangelnde Sprachkenntnisse." (*Presse und Sprache* Nr. 615, April 2008, 5)

♦ Mode und Dekoration

(El mundo de la moda y de la decoración)

Arschgeweih (das, -s, -e) = tatuaje en el culo. OBS: Expresión tabú, vulgar y soez de reciente creación que alude a los tatuajes de moda que se aplican en las nalgas.
„Viele Frauen haben inzwischen ein als ‚Arschgeweih' eingebürgertes Tattoo direkt über dem Steiß." (http://www.shortnews.de/start.cfm?id=618345)

Barbie-Matrix (die, -, pl. Matrizes/Matrices/Matrizen) = el modelo Barbie. OBS: Expresión metafórica para referirse a las personas extremadamente delgadas que obedecen al canon de la muñeca Barbie.
„‚Magersucht ist überwiegend weiblich und sehr jung', sagte Ursula von der Leyen: ‚Wir müssen die Barbie-Matrix durchbrechen, wir sind gegen diese verführerischen und zerstörerischen Bilder'." (*Presse und Sprache* Nr. 613, Februar 2008, 4)

bedresst (attr. part. I) = vestido de, ataviado de.
„In seinem ländlichen, einfachen Leben ist ihm bis zu diesem Augenblick noch kein parfümierter, modisch bedreßter Schoßhund begegnet." (Barbara Noack, *... und flogen achtkantig aus dem Paradies*, 79)

Billigmode (die, -, -n) = ropa barata, también, moda *low cost*. OBS: Cada vez son más los neologismos que surgen en torno a la filosofía del "low cost", en especial los referidos al negocio de la moda: **Billigtextilien** (también **Billigst-Textilien**), **Billigkette** (las cadenas o tiendas *low cost*), **Billiganbieter**, etc.
„Billigmode ist wieder angesagt."
(http://www.divajeans.de/content/view/93/63/)

Bio-Baumwolle (die, -, sin pl.) = algodón biológico. OBS: El vocablo se refiere al algodón de origen o cultivo ecológico que se utiliza para la confección de prendas de vestir.

"Dass das Shirt aus ‚Bio-Baumwolle' ist, verrät ihr das Etikett, und dass angeblich ‚keine chemischen Düngemittel und keine Pestizide' beim Anbau benutzt wurden." (*Presse und Sprache* Nr. 616, Mai 2008, 6)

Biokleidung (die, -, normalmente sin pl.) = ropa bio, ecológica; también ropa biológica. OBS: Otras formaciones neológicas son **Biotasche** para referirse a la bolsa ecológica (Baumwolltragetasche), **Biotextilien** (biologische/natürliche Kleidung), **Biomode, Bioschuhe**, etc.

"Auch bei Karstadt reiht sich die Biokleidung unauffällig unter andere Marken ein." (*Presse und Sprache* Nr. 616, Mai 2008, 6)

Flip-Flop (der; -s, -s) = chanclas de baño.

"Zahlt die Autoversicherung, wenn die Fahrerin mit Flip-Flops einen Unfall baut?" (*Rheinische Post*, Online-Ausgabe, 12.6.2007: http://www.rp-online.de/public/article/aktuelles/auto/ratgeber)

Jeanshinterteil (das, -s, -e) = trasero. OBS: Esta creación *ad-hoc* es una expresión eufemística para referirse a la expresión algo más vulgar "culo".

"Damit ich zuschauen darf, wie sich sein strammes, zwölfjähriges Jeanshinterteil in den Sattel schwingt und davonradelt." (Barbara Noack, *Ein Platz an der Sonne*, 244)

Loft (der/das, -[s], -s) = (voz inglesa) loft. OBS: Expresión que se refiere a un local con pocas divisiones interiores que se traslada al ámbito doméstico como una nueva forma de vivir que busca grandes espacios y luminosidad.

"In einem hippen Loft in Hamburg Ottensen arbeiten mittlerweile 19 Mitarbeiter – ausschließlich Frauen, obwohl weder Geschlecht noch eigene Kinder eine Einstellungsvoraussetzung seien, wie Schule betont." (*Presse und Sprache* Nr. 607, August 2007, 7)

Marlene-Hose (die, -, -n) = pantalones anchos de corte masculino. OBS: Término que surge por alusión a la mítica cantante y actriz de cine alemana Marlene Dietrich. Su estilo personal y peculiar ha impactado en la moda, acuñando numerosos neologismos sin cesar: **Marlene-Stil, Marlene-Garderobe, Marlene-Anzug**, etc.

"MARLENEHOSE Jeans in Kastenform" (www.yatego.com)

Mediales Haus (das, -es, -¨er) = casa domótica. OBS: La expresión hace referencia a la integración de las distintas tecnologías en el hogar mediante el uso simultáneo de la electricidad, la electrónica, la informática y las telecomunicaciones.

„‚Unser Mediales Haus ist das erste in Deutschland, das alltagstauglich ist und rund um die Uhr bewohnt wird', sagt Krug."
(http://diepresse.com/home/leben/wohnen/297076/index.do)

Modehandy (das, -s, -s) = móvil de diseño (en español también muy en boga "móvil fashion").

„Den Mobiltelefonherstellern scheint die Fantasie auszugehen und so wird ein Modehandy nach dem anderen auf den Markt geworfen."
(http://www.pligg.ch/tag/modehandy)

obelixhafte Hose (die, -, -n) = pantalones anchos a lo Obelix. OBS: El término es una metáfora caricaturesca, por alusión a la figura obesa de un personaje de un cómic clásico "Asterix y Obelix", para designar los pantalones amplios premamá.

„Plötzlich sieht sich die stilbewusste Frau im Auge mit Strickzelten, obelixhaften Hosen und Ganzkörper-BHs." (*Presse und Sprache* Nr. 605, Juni 2007, 8)

Ökomode (die, -, -n) = moda ecológica.

„Ökomode wird schick: Nach den Bioläden werben nun auch immer mehr Ketten mit Kleidung aus biologischem Anbau." (*Presse und Sprache* Nr. 616, Mai 2008, 6)

Ost-Schick (der, -s, -s) = estilo / elegancia del este. OBS: Expresión referida aquí al estilo imperante en la antigua RDA en los años anteriores a la reunificación alemana.

„In Berlin macht ein Hotel mit Ost-Schick Furore." (*Presse und Sprache* Nr. 609, Oktober 2007, 3)

Pumps (der, -, -) = zapato corte salón de tacón alto. OBS: Voz inglesa (para *Söckelschuh*) que hace referencia a los zapatos de tacón alto con un mínimo de cinco centímetros.

„Die Schuhe lassen vier Varianten zu. Neben den Ballerinas sind auch Pumps wieder in. FlipFlops bleiben trendy, aber nicht mehr so bunt. Wer Stiefel bevorzugt, sollte nun auf Stiefeletten umsteigen."
(http://www.consumerblog.de/mode-das-ist-2007-angesagt)

Schmuckpiercing, Mund-, Zungen-, Holz-, Knochen-, Metallpiercing, etc. (das, -s, -s) = pirsin decorativo. OBS: Dícese del pirsin ornamental que se aplica en boca, lengua y otras partes del cuerpo, y que pueden ser de diverso material como madera, hueso o metal y que da lugar, como puede apreciarse por los ejemplos, a numerosas creaciones léxicas.

„In Deutschland sind Schmuckpiercings vor allem bei jungen Frauen zwischen 14 und 24 Jahren beliebt- mehr als Tattoos."

„Ein Mundpiercing kann zu Entzündungen an Zähnen, Gaumen und Zahnfleisch führen. Ein Zungenpiercing verursacht aufgrund der starken Durchblutung zunächst eine extreme Schwellung der Zunge." (*Presse und Sprache* Nr. 600, Januar 2007, 11)

Strickzelt (das, -es, -e) = vestido amplio de corte premamá. OBS: En su sentido recto y cabal, el término significa "tienda de campaña de punto", sin embrago aquí se emplea metafóricamente y de forma caricaturesca para designar los vestidos premamá.

„Plötzlich sieht sich die stilbewusste Frau im Auge mit Strickzelten, obelixhaften Hosen und Ganzkörper-BHs." (*Presse und Sprache* Nr. 605, Juni 2007, 8)

Trendbüro (das, -s, -s) = oficina de moda.

„'Man kauft damit ein Erlebnis', erklärt Trendforscherin Stefanie Bierbaum vom Trendbüro Hamburg den Erfolg der Recycling Tasche." (*Presse und Sprache* Nr. 605, Juni 2007, 8)

Trendforscher (der, -s, -) = investigador de tendencias de moda.

„"Man kauft damit ein Erlebnis', erklärt Trendforscherin Stefanie Bierbaum vom Trendbüro Hamburg den Erfolg der Recycling Tasche." (*Presse und Sprache* Nr. 605, Juni 2007, 8)

Wildlederdress (das, -es, -) = vestido de ante. OBS: Construcción híbrida integrada por un lexema alemán y un anglicismo adaptado a la escritura alemana.

„Schön Victor, dank der warmen Witterung heute nicht im Nerz, sondern in seinem veilchenfarbenen Wildlederdress mit Strass und Schleife, gellt, als ob er bei lebendigem Leibe geschlachtet würde." (Barbara Noack, ... *und flogen achtkantig aus dem Paradies*, 79)

P

◆ **Politik**

(Política)

Antiglobalisierung (die, -, sin pl..) = antiglobalización.
„Die Bandbreite und Vielschichtigkeit der neuen Antiglobalisierungsbewegung ist bemerkenswert." (www.arbeitermacht.de)

Baby-Scheck (der, -s, -s) = el cheque-bebé. OBS: Ayuda con la que el gobierno español quiere fomentar la natalidad.
„Baby-Scheck soll Geburtenrate steigern: Opposition kritisiert das Fehlen von Kitas für unter Dreijährige und wirft Zapatero Populismus vor." (http://www.abendblatt.de/daten/2007/08/03)

Bundeskanzlerin (die, -, -innen) = (fem. de canciller) la canciller alemana.
„Deutschland hat erstmals eine Bundeskanzlerin. Der Bundestag wählte am Dienstag die CDU-Vorsitzende Angela Merkel mit dem zweitbesten Ergebnis seit 1949 zur Regierungschefin." (*Stern.de*, 28.11.2005: http://www.stern.de/politik/deutschland/bundestag-kanzlerin-und-minister-vereidigt-550049.html)

Entnuklearisierung (die, -, -en) = desnuclearización.
„Der außenpolitische Sprecher der Fraktion Die Linke, Norman Paech, appellierte an die EU, das Ziel der ‚Entnuklearisierung des Mittleren Ostens' weiterzuverfolgen." (*Spiegel Online*, 14. 12. 2005: http://www.spiegel.de/politik/ausland)

EU-Kommissionspräsident (der, -en, -en) = presidente de la Comisión Europea.
„EU-Kommissionspräsident Jose Manuel Barroso gratulierte Zapatero zum Ergebnis des Referendums." (*Die Welt*, Online-Ausgabe, 21.2.2005: http://www.welt.de/data/2005/02/21/517740.html?prx=1)

EU-Staat (der, -(e)s, -en) = estado miembro de la Unión Europea.

„Was passiert, wenn die Ratifizierung in einem der 25 EU-Staaten abgelehnt wird, ist nicht eindeutig geregelt." (*Die Welt*, Online-Ausgabe, 21.2.2005: http://www.welt.de/data/2005/02/21/517740)

EU-Statistikbehörde (Eurostat) (die, -, -n) = instituto de estadística europeo (Eurostat).

„Die Erhebung der EU-Statistikbehörde Eurostat berücksichtigt alle Arbeitsplätze bei Unternehmen, die mindestens zehn Beschäftigte haben. Ausgenommen ist der Bankensektor." (*Presse und Sprache* Nr. 597, Oktober 2006, 7)

EU-Verfassung (die, -, sin pl.) = constitución de la Unión Europea.

„Die spanische Bevölkerung hat der neuen EU-Verfassung mit großer Mehrheit zugestimmt." (*Die Welt*, Online-Ausgabe, 21.2.2005: http://www.welt.de/data/2005/02/21/517740)

Frauenfrage (die, -, -n) = la cuestión de si será una mujer o no el futuro canciller de Alemania. OBS: Neosemantema. Término populista que sufre una ampliación semántica a raíz de la polémica suscitada en el año 2005 de si la nación alemana sería gobernada por una mujer. Tras las elecciones se demostró que sí, y el liderazgo fue encabezado por Angela Merkel.

„In Zeiten, in denen ‚die Frauenfrage' bei vielen nur noch ein müdes Gähnen hervorruft, ein Seufzen oder ein trotzig hervorgebrachtes ‚ich fühle mich aber gleichberechtigt', bleibt Alice Schwarzer hartnäckig." (*Presse und Sprache* Nr. 588, Januar 2006, 1)

Grenzkontrollagentur (die, -, -en) = agencia para el control de fronteras.

„Die Grenzkontrollagentur Frontex hat mit freiwilligen Gaben ihrer Mitglieder gerade einmal ein defektes italienisches Patrouillenboot auf den Weg in die atlantischen Gewässer gebracht." (*Frankfurter Allgemeine Zeitung* Nr. 219, 20.9.2006, 1)

große Koalition (die, -, -en) = la gran coalición. OBS: Expresión que se refiere al pacto acordado por los dos grandes partidos SPD y CDU para gobernar en coalición.

„Aber wir sind diesem Ziel sehr viel näher gekommen in den ersten beiden Jahren dieser großen Koalition." (*Presse und Sprache* Nr. 613, Februar 2008, 6)

Herdprämie (die, -, -n) = sueldo de los fogones. OBS: La expresión, provista de cierto carácter negativo, se refiere, en un principio, a la reivindicación de los padres para cobrar un subsidio y poderse quedar en casa a fin de cuidar de sus hijos de corta edad.

„Auch das ‚Unwort des Jahres' ist raus, nämlich: Herdprämie." (*Presse und Sprache* Nr. 614, März 2008, 8)

Kanzler-Sharing (das, -s, -) = el hecho de compartir la cancillería/el gobierno.

„Schily offen für Kanzler-Sharing" (*Rheinische Post*, Online-Ausgabe, 9. 10. 2005: http://www.rp-online.de/themen/Schily--h%C3%A4lt)

Neocon (der, -s, -s) = neoconservador.

„Schröders Gegner auf diesem Feld waren nicht Neocons und allzu gottesfürchtige Präsidenten, sondern die deutschen Gewerkschaften, die mit ihren ‚Montagsdemonstrationen' die Demokratiebewegung der DDR ‚dreist vereinnahmt' hätten." (*Die Welt*, Online-Ausgabe, 25.10.2006: http://www.welt.de/data/2006/10/25)

Nichtregierungsorganisation (die, -, -en) = organización no gubernamental (ONG).

„14,6 Prozent hingegen ‚opfern' ihre Freizeit lieber für die Arbeit in einer Nichtregierungsorganisation (NGO), 19,5 Prozent nehmen an Demonstrationen teil." (*Die Welt*, Online-Ausgabe, 12.6.2007: http://www.welt.de/politik/article940867/Europas)

Osterweiterung (die, -, -en) = ampliación al este.

„Vor Osterweiterung: EU-Länder machen Grenzen für Arbeitskräfte dicht." (*Kölner Stadt-Anzeiger*, Online-Ausgabe, 07.03.2004: http://www.ksta.de/servlet/OriginalContentServer?pagename=ksta/page&atype =ksArtikel&aid=1078505812213)

Zivilisationsallianz (die, -, -en) también **Allianz der Zivilisationen** o **Völkergemeinschaft (die, -, -en)** = alianza de civilizaciones.

„Worin besteht der prinzipielle Unterschied zwischen der Idee vom ‚Dialog der Zivilisationen', die seinerzeit von Irans Präsident Mohammad Khatami unterbreitet wurde, und einer ‚Allianz der Zivilisationen', deren Bildung die Türkei und Spanien initiiert haben?"
(http://russlandonline.ru/schlagzeilen/morenews.php?iditem)

„Davon ausgehend, wird eine umfassende Festigung der zentralen Rolle der UNO in allen Lebensbereichen in der Welt und die weitere Anpassung der Weltorganisation an die neuen Realitäten zu einer bedingungslosen Priorität der internationalen Völkergemeinschaft."
(http://www.russland.ru/schlagzeilen/morenews.php?iditem)

R

♦ Recht

(Derecho)

Alcopopsteuergesetz (das, -es, -e) = ley de impuesto sobre alcohol y especies alcohólicas.
„Nachdem im Sommer 2004 das so genannte Alcopopsteuergesetz in Kraft getreten war, ist der Konsum von spirituosehaltigen Getränken zwischen 2004 und 2007 zwar stark zurückgegangen." (*Presse und Sprache* Nr. 607, August 2007, 12)

Ausstieggesetz (das, -es, -e) = ley de desnuclearización. OBS: Vocablo de creación *ad-hoc* referido a la ley suscrita por los gobiernos del abandono paulatino de la energía nuclear.
„2020 wird ihr Beitrag, dem Ausstieggesetz entsprechend, nur noch sehr klein sein." (*Deutschland* Nr. 3, 2006 Juni/Juli, 11)

Emissionsrecht (das, -(e)s, -e) = (normalmente se usa en pl.) derechos de emisión (de gases de efecto invernadero).
„Zum ersten Mal wird es in diesem Jahr Einnahmen in Höhe von 400 Millionen Euro aus dem Handel mit Emissionsrechten geben." (*Presse und Sprache* Nr. 613, Februar 2008, 6)

Erneuerbare-Energien-Gesetz (das, -es, e) = ley de energías renovables. OBS: El compuesto polilexical alude a la nueva ley que debe respetar el código técnico de la edificación (CITE).
„Mit dem Strom zahlt jeder Kunde fünf unterschiedliche Steuern und Abgaben: Mehrwertsteuer, Stromsteuer, die Umlage nach dem Erneuerbare-Energien-Gesetz (für Wind, Solar und andere regenerative Quellen) ..." (*Presse und Sprache* Nr. 604, Mai 2007, 6)

Europäischer Rechtsraum (der, -s, sin pl.) = espacio europeo de derecho.

„Die Verordnung würde einen weiteren Beitrag zur Vereinheitlichung des europäischen Rechtsraums darstellen, den der Europäische Rat bei seiner Tagung in Tampere im Jahre 1999 auch hinsichtlich einer Vereinheitlichung des Internationalen Privatrechts (IPR) angestrebt hat." („Der aktuelle Begriff", in: *Wissenschaftliche Dienste des Deutschen Bundestages*, Nr. 78/05)

Gesetzbündel (das, -s, -) = paquete de medidas legislativas.

„Kernpunkte des Gesetzbündels sind der Ausbau der Kraftwärme-Kopplung, die Verdoppelung des Anteils der erneuerbaren Energien auf mehr als 25 Prozent, schärfere Energiesparvorschriften im Wohnbereich und die Pflicht, bei Neubauten einen bestimmten Anteil der Heizwärme aus erneuerbaren Energien zu bestreiten." (*Presse und Sprache* Nr. 612, Januar 2008)

interinstitutionell (adj.) = interinstitucional.

„Werdegang der interinstitutionellen Verfahren, Vorschlag für eine Verordnung des Europäischen Parlaments und des Rates über das auf Außervertragliche Schuldverhältnisse anzuwendende Recht". („Der aktuelle Begriff", in: *Wissenschaftliche Dienste des Deutschen Bundestages*, Nr. 78/05)

Internetüberwachungsgesetz (das, -es, -e) = ley de vigilancia en internet.

„Ich persönlich habe nichts gegen das geplante neue Telefon- und Internetüberwachungsgesetz."
(http://www.mainpost.de/lokales/wuerzburg/landkreiswuerzburg/archiv4712,2
0071107,0,10)

S

- ♦ Sport
- • Sportmedizin
- • Sportszene
- • Sportfans

(Deportes: medicina deportiva, escenario deportivo e hinchas deportivos)

Ballüberwachungssystem (das, -s, -e) = sistema de control de la pelota o sistema validador de jugada. OBS: Nueva expresión empleada en el ámbito deportivo que alude al sistema que sirve, por ejemplo, en el tenis determinar si una pelota bota dentro, fuera o sobre la raya.

„Auf dem ‚heiligen Rasen' in London wird auch in Zukunft das Ballüberwachungssystem Hawkeye eingesetzt." (http://www.rp-online.de/public/article/aktuelles/sport/mehr/tennis/ wimbledon/456948)

Dog-Musher-Animateur (der, -s, -e) = monitor de mushingo o monitor de trineo con perros. OBS: Dícese de la persona que guía a excursionistas que deseen montar en trineos tirados por perros a la vez que disfrutar de un paisaje nevado en plena naturaleza.

„Die romantische Fahrt im Pferdeschlitten durch eine hoffentlich tief verschneite Landschaft gehört heute zum Standardangebot jedes Wintersportortes. Noch weniger bekannt sind Fahrten mit Hundeschlitten. Dabei wird der Hundeschlittensport auch hierzulande mit einem Dog-Musher-Animateur immer beliebter." (http://www.suedostschweiz.ch/lifestyle/chili/artikel.cfm)

Fanmeile (die, -, -en) = la milla del aficionado (la milla de los hinchas). OBS: Expresión metafórica que hace referencia a los lugares públicos (especialmente plazas) donde se despliegan pantallas gigantes para que todos los hinchas puedan participar en la retransmisión de los acontecimientos deportivos más importantes.
„Mit einer Kapazität von offiziell 900.000 Menschen war die Fanmeile Berlin die größte aller Fanmeilen während der Fußball-Weltmeisterschaft 2006."
(http://de.wikipedia.org/wiki/Fanmeile)

Hochseilgarten (der, -s, -¨) = jardín de cables altos. OBS: La expresión hace referencia a una modalidad deportiva y de aventuras al aire libre, especialmente indicada para turistas activos y amantes del riesgo. En esta actividad, cada participante es asegurado con un cinturón y una cuerda para escalar siguiendo un recorrido de cables y vigas.
„Bei Hochseilgarten.de finden Sie Hochseilgärten, Seilgärten, Kletterparks, Hochseilparks und Abenteuerparks in Deutschland - Einfach Ihre Postleitzahl eingeben und Ihr nächstes Outdoor-Event planen."
(http://www.hochseilgarten.de)

Mountainbiker (der, -s, -) = ciclista con bicicleta de montaña (ciclista de montaña). OBS: El término alude al deportista o a la persona que practica ciclismo de montaña.
„Mekka der Mountainbiker: Wenn in Deutschland das Winterwetter noch letzte Kapriolen schlägt, keimt in Mallorca schon der Frühling. Für Hobbyradler wieder Zeit, die Ketten zu ölen und auf die Baleareninsel zu entfliehen. Unter Mandel- und Olivenbäumen trainiert es sich gleich doppelt gut."
(http://www.f-tor.de/board/archive/index.php/t-23262.html)

Quadfahren (das, -s, sin pl.) = ir en quad, práctica del deporte en quad. OBS: Otros compuestos neológicos son: **Quadbeifahrer, Quadverleih, Quadwelt, Quadtouren**, etc.
„Echte Kerle machen keine halben Sachen. Wenn Sie sich also nicht zwischen Bagger- und Quadfahren entscheiden wollen, dann probieren Sie doch einfach beides!" (www.eshopinfo.net/geschenkideen/js/baggern_und_quadfahren)

Rafting (das, -s, sin pl.) = rafting. OBS: Otros compuestos novedosos que derivan de esta práctica de deporte son: **Extremrafting, Raftingerfahrung, Rafting-Reisen, Raftingtouren, Raftingsaison, Raftingausrüstung, Wildwasserraftingtour, Raftinghighlight**, etc.

„Outdoor und Natur in den Bergen. Erlebnisprogramme wie Rafting, Canyoning, Tubing, Hochseilgarten, Adventure Trail, Team Events und Fun Olympiaden sorgen für einen außergewöhnlichen Erlebnisurlaub und Aktivurlaub in den Allgäuer Bergen." (www.urlaub-anbieter.com)

Tubing (das, -s, sin pl.) = tubing. OBS: La expresión inglesa hace referencia a una nueva actividad deportiva similar al rafting que consiste en deslizarse sentado sobre un neumático / flotador hinchable a toda velocidad por un río, dejándose arrastrar por la corriente. Otras variantes, que generan nuevos compuestos, son **Snowtubing**, etc.

„Tubing bietet Aare-Fans eine neue, vergnügliche Art, ihren Lieblings-Fluss zu erleben." (http://www.aaretubing.ch/tubing_de.htm)

Urinaustausch (der, -s, -e) = cambio/cambiazo de orina. OBS: Neologismo que surge dentro del ámbito ciclista. A fin de evitar dar positivo en un control antidopaje, los ciclistas entregan la orina de otra persona.

„Urinaustausch ist gerade wieder aktuell geworden." (http://www.leichtathletik.de/ Dokumente/ProForumRot/show_all_user_postings.asp?id=5392)

◆ **Sprache und Sprachwissenschaft**

(Lengua y Lingüística)

Ausländerbrille (die, -, -n) = la visión/las gafas del extranjero. OBS: Expresión metafórica con la que se alude a la óptica desde la que se contempla y aprende el idioma extranjero.
„Wenig überraschend sieht durch die Ausländerbrille die deutsche Grammatik reichlich absurd aus." (*Presse und Sprache* Nr. 612, Januar 2008, 8)

Diskursfertigkeit (die, -, -en) = destreza del discurso.
„Die Fokussierung auf Argumentieren und sozialen Diskurs kann jedoch auch als ein neuer Schwerpunkt bei den Diskursfertigkeiten interpretiert werden."
(*Referenzrahmen*, 44)

Fokussierung (die, -, -en) = énfasis. OBS: En este contexto específico, el concepto adquiere la dimensión de énfasis.
„Die Fokussierung auf Argumentieren und sozialen Diskurs kann jedoch auch als ein neuer Schwerpunkt bei den Diskursfertigkeiten interpretiert werden."
(*Referenzrahmen*, 44)

(sichere) Insel (die, -, -n) = isla de seguridad o fiabilidad. OBS: El término, de carácter metafórico, alude a las expresiones prefijadas que confieren cierta seguridad al aprendiz/usuario de una lengua extranjera.
„Er/sie muss sich merken, wie man bestimmte Dinge ausdrückt, um das eigene ‚Wörterbuch' zu erweitern (*Möglichkeiten, Äquivalenzen festhalten*), und muss sich ‚sichere Inseln' (vorgefertigte *chunks*) schaffen."
(www.goethe.de/Z/50/commeuro)

Itemanalyse (die, -, -n) = análisis de ítems.
„Diese Handreichungen befassen sich detailliert mit der Entwicklung und Evaluation von Tests und sind eine Ergänzung zu Kapitel 9. Sie enthalten auch Vorschläge für die weitere Lektüre, einen Anhang über Itemanalyse und ein Glossar." (*Referenzrahmen*, 31)

Itembank (die, -, en) = banco de exámenes.
„Bei der Erstellung einer konkreten Prüfung oder bei der Einrichtung einer Itembank muss man zwar sehr detailliert vorgehen; die Anzahl derjenigen Details hingegen, die man z.B. in einem veröffentlichten Lehrplan bzw. Prüfungscurriculum berücksichtigen will, muss umsichtig festgelegt werden." (*Referenzrahmen*, 30)

Kann-Beschreibung (die, -, -en) = descriptor de lo que "puede hacer" el usuario de la lengua.
„Für einige der Strategien, die man bei der Ausführung kommunikativer Aktivitäten einsetzt, werden ‚Kann-Beschreibungen' aufgeführt." (*Referenzrahmen*, 38)

Kompetenzkontinuum (das, -s, -nua) = grado de dominio lingüístico. OBS: Dícese también de las formas de medir y valorar dicha capacidad o constante en el aprendizaje.
„Die Alternative zu diesem Ansatz ist, die Ergebnisse eines jeden Tests auf das relevante Kompetenzkontinuum zu beziehen, für gewöhnlich mit einer Reihe von Qualitätsabstufungen. Hier ist das Kontinuum das Kriterium, die äußere Wirklichkeit, die sicherstellt, dass Testergebnisse etwas bedeuten." (*Referenzrahmen*, 180)

Kompetenzniveau (das, -s, -s) = nivel de competencias lingüísticas.
„Eines der Ziele des *Referenzrahmens* ist es, allen beteiligten Partnern bei der Beschreibung der Kompetenzniveaus zu helfen, die gemäß den Standards ihrer Tests und Prüfungen erwartet werden." (*Referenzrahmen*, 32)

Kontaktschwelle (die, -, -n) = nivel umbral. OBS: Expresión procedente del inglés *Threshold Level*.
„Diese Deskriptoren müssen holistisch bleiben, um einen Überblick zu ermöglichen; detaillierte Listen von Mikrofunktionen, grammatischen Formen und Wortschatz werden in den Lernzielbeschreibungen für einzelne Sprachen präsentiert (z.B. im *Threshold Level 1990* oder in der Kontaktschwelle)." (*Referenzrahmen*, 39)

kulturkontrastiv (adj.) = en contraste con otras culturas. OBS: El término se emplea aquí en el aprendizaje de una lengua extranjera en contraste con la lengua materna.

„Es wird empfohlen, den Wahlbereich für weitere Sprachlernerfahrungen in Kontrastsprachen und für Seminare zu landeskundlichen/kulturkontrastiven Aspekten (aus dem Lehrangebot des Fachs Deutsch als Fremdsprache oder anderer Fächer, wie z.B. aus Literaturwissenschaft, Soziologie, Geschichtswissenschaft) zu nutzen." (Universität Bielefeld: *Deutsch als Fremdsprache: Profile, Module und benotete Einzelleistungen im Kernfach*, 1)

mehrsprachig (adj.) = plurilingüe.

„Kapitel 8 diskutiert die Prinzipien der Curriculumentwicklung und der Differenzierung sprachlicher Lernziele, besonders unter dem Aspekt der Entwicklung einer mehrsprachigen und plurikulturellen Kompetenz des Menschen, der sich den kommunikativen Herausforderungen stellen muss, die das Leben in einem vielsprachigen und multikulturellen Europa bietet." (*Referenzrahmen*, 10)

Mehrsprachigkeit (die, -, sin pl.) = plurilingüismo. OBS: El término cobra nueva fuerza en la Europa plurilingüe del M + 2.

„In den letzten Jahren hat das Konzept der Mehrsprachigkeit im Ansatz des Europarats zum Sprachenlernen an Bedeutung gewonnen. ‚Mehrsprachigkeit' unterscheidet sich von ‚Vielsprachigkeit', also der Kenntnis einer Anzahl von Sprachen oder der Koexistenz verschiedener Sprachen in einer bestimmten Gesellschaft." (*Referenzrahmen*, 17)

Ranking (das, -s, -s) = ranking (léxico).

„Das Ranking erstellte die Jury des Wettbewerbs 'Das bedrohte Wort'." (*Rheinische Post*, Online-Ausgabe, 11.6.2007: http://www.rp-online.de/public/article/aktuelles/wissen)

Schwellenniveau (das -s, -s) = nivel umbral.

„Auch oberhalb des Schwellenniveaus (*Threshold Level, Niveau-Seuil, Kontaktschwelle*) bestehen Bedürfnisse nach allgemeinen Qualifikationen, die man zum *Referenzrahmen* in Bezug setzen kann." (*Referenzrahmen*, 19)

Sprachbewusstheit (die, -, sin pl.) = conciencia lingüística. OBS: La expresión se refiere al grado de dominio consciente que se pretende alcanzar en la enseñanza de una lengua extranjera.

„Auf der nächsten Stufe – einer starken Variante von *Vantage* (B2+) – liegt das Gewicht weiterhin auf der Fähigkeit zum Argumentieren, zu effektivem sozialem Diskurs und auf einer stärkeren Sprachbewusstheit." (*Referenzrahmen*, 44)

Sprachbiographie (die, -, -n) = biografía lingüística. OBS: Expresión neológica que surge en el *Marco Común Europeo de Referencia para las lenguas* y cuya dimensión semántica se concreta en el siguiente ejemplo:

„Die Entwicklung eines *Europäischen Sprachenportfolios* stellt einen Schritt in diese Richtung dar. Es ermöglicht Menschen, verschiedene Aspekte ihrer Sprachbiographie festzuhalten und zu präsentieren". (*Referenzrahmen*, 169)

Sprachenpass (der, -es, -¨e) = pasaporte de lenguas. OBS: Neologismo que hace referencia al documento que detalla los idiomas que domina una persona, con qué nivel de escritura, habla y comprensión y sus estancias en el extranjero.

„Der Europass – Sprachenpass bietet Ihnen die Möglichkeit, die eigenen Sprachkenntnisse – Kenntnisse, die für das Lernen und Arbeiten in Europa unerlässlich sind – detailliert darzustellen."
(http://europass.cedefop.europa.eu)

(Europäisches) Sprachenportfolio (das, -s, -s) = portfolio europeo de las lenguas.

„Besonders das *Europäische Sprachenportfolio* (ESP) bietet eine Form an, in der höchst unterschiedliche Arten des Sprachenlernens und der interkulturellen Erfahrungen dokumentiert und formell anerkannt werden können." (*Referenzrahmen*, 17)

Sprachkompetenz (die, -, -en) = dominio de la lengua.

„*Anhang A* behandelt die Entwicklung von Deskriptoren für Sprachkompetenz." (*Referenzrahmen*, 13)

Sprachlernumgebung (die, -, -en) = entorno del aprendizaje de la lengua.

„In einer Sprachlernumgebung im Zielsprachengebiet könnte man den Stamm ‚Selbstständige Sprachverwendung' weiterverzweigen, indem man die mittleren Stufen der Skala durch eine weitere ausdifferenzierte Schicht ergänzt." (*Referenzrahmen*, 42)

Sprachmittlung (die, -, -en) = mediación. OBS: Término que aparece como un tecnicismo lingüístico nuevo.

„Schema 4: ‚Sprachmittlung' repräsentiert zwei Situationen: In 4.1 empfängt der Sprachverwendende/Lernende einen Text von einem nicht anwesenden Sprecher oder Hörerin der einen Sprache oder dem einen Code und produziert daraufhin einen Paralleltext in einer anderen Sprache oder einem anderen Code, der von einer anderen Person als Hörer oder Leser in einiger Entfernung empfangen werden soll. In 4.2 agiert der Sprachverwendende/Lernende als Mittler in einer direkten (*face-to-face*) Interaktion zwischen zwei Gesprächspartnern, die nicht die gleiche Sprache oder den gleichen Code sprechen; er empfängt also den Text in einer Sprache und produziert einen korrespondierenden Text in einer anderen." (*Referenzrahmen*, 100)

Sprachstandstest (der, -s, -s) = evaluación del aprovechamiento lingüístico.

„Ein Sprachstandstest (auch: Leistungstest, *achievement test*) überprüft, ob bestimmte Ziele erreicht wurden; er überprüft also, was unterrichtet worden ist." (*Referenzrahmen*, 178)

Sprachverwendende (der, -n, -n) = usuario de la lengua.

„Sprachverwendende nehmen im Allgemeinen an kommunikativen Aktivitäten mit einem oder mehreren Gesprächspartnern teil, um ihre Bedürfnisse in einer bestimmten Situation zu befriedigen." (*Referenzrahmen*, 59)

T

- ◆ **Tourismus**
- • **Urlaub**
- • **Reisen**

(Turismo: Vacaciones, viajes)

Airport-Hotel (das, -s, -s) = hotel aeroportuario.
„Viele Airport-Hotels bieten Tageszimmer an." (*Die Welt*, Online-Ausgabe, 10.12.2005: http://www.welt.de/print-welt/article183288/Ausruhen_am_Airport.html)

Biotourismus (der, -, sin pl.) = turismo ecológico.
„Im Nationalpark Maremma gelegener Biotourismus mit eigenen Produkten wie Bio - Fleisch, Olivenöl und Wein."
(http://www.italien-inseln.de/italia/toskana-toscana/ agriturismo.html)

Billiganbieter (der, -s, -) = proveedor / suministrador de bajo coste/low cost.
„Billiganbieter - was bei Fluggesellschaften inzwischen gang und gäbe ist, könnte nun auch im Mobilfunk Einzug halten."
(http://www.test.de/themen/computer-telefon/ meldung/-/1265689/1265689/)

Billigflieger (der, -s, -) = compañía aérea de bajo coste; vuelo barato/low cost. OBS: Calco de la voz anglosajona *low cost*.
„DRV kritisiert Angebote von Billigfliegern". (*Die Welt*, Online-Ausgabe, 22.10.2005: http://www.welt.de/print-welt/article172421/DRV_kritisiert_Angebote_von_Billigfliegern.html)

Billigflug (der, -s, -¨e) = vuelo con una compañía aérea de coste bajo. OBS: Este término y su dimensión semántica en la sociedad actual es impulsor de numerosas creaciones neológicas. **Billigfluggesellschaft (die, -, -en)** = compañía aérea de bajo coste.

„Der Deutsche Reisebüro- und Reiseveranstalterverband (DRV) hat die Branche zu einer konzertierten Aktion gegen die Preisaktionen von Billigfluggesellschaften aufgerufen." (*Die Welt*, Online-Ausgabe, 22.10.2005: http://www.welt.de/print-welt/article172421/DRV_kritisiert_Angebote_von_Billigfliegern.html)

Billigtourist (der, -s, -s) = turista barato. OBS: La expresión coloquial hace referencia al turista que se gasta poco dinero en sus vacaciones o viajes.

„Die herbeigerufene Reiseleiterin beschimpfte mich laut in der Hotelhalle als Billigtourist, der sich ungerechtfertigte Vorteile erschleichen wolle." (http://reisen.ciao.de/12FlyTest1588808)

Boom-Jahr (das, -(e)s, e) = año excepcional. OBS: La relación semántica de esta expresión se encuentra referida a los ingresos cuantiosos derivados del turismo.

„Weltweit war das Jahr 2006 ein Boom-Jahr für den Tourismus." (*Deutschland* Nr. 2, April/Mai 2007, 34)

camargue, camarguer, am camarguesten (adj.) = al estilo o al modo (de vida, de ser, etc.) de la región francesa de La Camarga.

„Warten Sie's ab. Es wird noch camarguer, verspricht ihm George. [...] Fahren Sie uns dahin, wo es am camarguesten ist! [...] Ich glaube, sie sind immer gerade zum Fotografieren für Bildbände und Ansichtskarten der Camargue unterwegs." (Barbara Noack, ... *und flogen achtkantig aus dem Paradies*, 60)

Designhotel (das, -s, -s) = hotel moderno de diseño. OBS: La expresión se refiere a los nuevos hoteles que siguen la línea del wellness.

„Luxushotels, Designhotels, Wellnesshotels – in der mittleren und oberen Preisklasse bietet Deutschland mit rund tausend Häusern eine reiche Auswahl." (*Deutschland* Nr. 2, April/Mai 2007, 27)

Deutschland-Image (das, -s, sin pl.) = la imagen de Alemania. OBS: El término hace referencia al resurgimiento del bienestar y saneamiento económico en Alemania tras largos años de reunificación.
„Diese positive Bilanz für das Deutschland-Image weltweit ist auch messbar." (*Deutschland* Nr. 2, April/Mai 2007, 34)

Deutschland-Tourismus (der, -, sin pl.) = turismo que elige a Alemania como país destinatario.
„Ganz besonders haben natürlich der Deutschland-Tourismus und die deutsche Wirtschaft von der WM profitiert." (*Deutschland* Nr. 2, April/Mai 2007, 34)

Eishotel (das, -s, -s) = hotel de hielo. OBS: Otros neologismos relacionados son **Iglu Hotel** (iglú-hotel de nieve).
„Das Eishotel bietet Gemütlichkeit mitten im Eis."
(http://www.n-tv.de/867812.html)

Erholungsurlaub mit Wellness-Charakter (der, -(e)s, -e) = vacaciones de descanso, vacaciones wellness para evadirse.
„Bei den Nonnen ist Erholungsurlaub mit Wellness-Charakter zu buchen, begleitet von medizinischen Anwendungen, Wassertreten nach Kneipp, von Bewegungstherapie, autogenem Training, Diät- oder Vollwertkost sowie Kräuterwochen." (*Presse und Sprache* Nr. 607, August 2007, 8)

EU-Verbotsliste (die, -, -n) = lista europea de artículos prohibidos a bordo. OBS: La expresión hace referencia a los objetos que no podrán subirse al avión como equipaje de mano.
„Am 1. Februar tritt eine neue EU-Verbotsliste in Kraft, nach der neben Nagelschere und -feile zukünftig auch andere potenzielle Waffen im Reisegepäck aufgegeben werden müssen."
(http://www.f-tor.de/board/archive/index.php/t-23262.html)

Ferienstraße (die, -, -n) = rutas de atractivo turístico.
„Die Website der Deutschen Zentrale für Tourismus (DZT) informiert über Bundesländer und Regionen, Städte und Ferienstraßen [...]." (*Deutschland* Nr. 2, April/Mai 2007, 38)

Hoscar (der, -, -s) = el "hoscar". OBS: El término surge por analogía con el "oscar" y se refiere más concretamente al premio que se concede a la mejor hospedería o albergue en Alemania.

„Dort hat Hostelworld.com vor ein paar Tagen die jährlichen Hoscars vergeben." (*Presse und Sprache* Nr. 602, März 2007, 10)

Hotelbewertungsportal (das, -s, -e) = portal "evaluación de hoteles". OBS: Portal que recoge una larga lista de opiniones evaluativas sobre los mejores o, en su caso, peores hoteles.

„Das Hotelbewertungsportal Holiday Check wächst täglich um mehrere tausend Beiträge."
(http://www.traveltalk.weltreiseforum.com/viewtopic.php?p=25201)

Incoming-Tourismus (der, -, sin pl.) = turismo de llegada.

„Somit war 2006 ein weiterer Meilenstein im Incoming-Tourismus des Reiselandes Deutschland." (*Deutschland* Nr. 2, April/Mai 2007, 34)

Kulturtourismus (der, -, sin pl.) = turismo cultural. OBS: Turismo que busca la cultura como fin en sus ratos de ocio y viajes - en oposición al turismo de sol y playa, rural, sexual, etc.

„Ein globaler Mega-Trend ist der Kulturtourismus." (*Deutschland* Nr. 2, April/Mai 2007, 37)

Kuriositätenkitsch (der, -es, -) = artículos curiosos de mal gusto.

„[...] – Nippes, Geschenke, Mitbringsel von großen Reisen, den ganzen Kuriositätenkitsch – in ihn hineinzupacken." (Barbara Noack, *Brombeerzeit*, 40)

Michelin-Gastro-Führer (der, -s, -) = la guía Michelín.

„Wie bei den berühmten Michelin-Gastro-Führern vergibt der Verlag auch in seinem Deutschland-Guide Sterne – allerdings für Städte und Co." (*Deutschland* Nr. 2, April/Mai 2007, 65)

Ostel (das, -s, -s) = hotel nostálgico del Este. OBS: La expresión hace referencia a un tipo de hotel decorado al más puro estilo y gusto de la antigua RDA, nostálgico de una época de los años 70. Nótese el juego de palabras al segmentar la palabra *Ho – tel* y adicionar *Ost*. En estrecha relación con este neologismo

aparece también **DDR-Design-Hotel** = hotel de diseño de la Alemania del Este.
„Atemberaubend dumm und bösartig nennt sie das Ostel." (*Presse und Sprache* Nr. 609, Oktober 2007, 3). „Das DDR-Design-Hotel liegt in Berlin-Friedrichshain im Wriezener Karree 5, grauer Beton, die übrigen Wohnungen in dem unansehnlichen Block sind bewohnt." (*Presse und Sprache* Nr. 609, Oktober 2007, 3)

Sauerstoffbar (die, -, -s) = bares que ofrecen oxígeno a los consumidores.
„Extra: OxyFlow Sauerstoffbar." (*Die Welt*, Online-Ausgabe, 10.12.2005: http://www.welt.de/print-welt/article183288/Ausruhen_am_Airport.html)

Sextourist (der, -en, -en) = turista sexual. OBS: El término alude al turista que viaja a países donde puede encontrar sexo barato como por ejemplo la República Dominicana o Tailandia.
„Wie Sextouristen die Armut der Kinder ausnutzen."
(http://www.welt.de/vermischtes/article1276708/Wie_Sextouristen_die_Armut_der_Kinder_ausnutzen.html)

Shuttlebus (der, -ses, -se) = autobús que comunica el aeropuerto con un punto urbano o residencial concreto.
„Das Sheraton Skyline Hotel [...] ist nur einige Minuten mit dem Shuttlebus von den Terminals 1, 2 und 3 entfernt". (*Die Welt*, Online-Ausgabe 10. 12. 2005: http://www.welt.de/print-welt/article183288/Ausruhen_am_Airport.html)

Shuttle-Service, también **Shuttleservice, (der/das, -s, -s)** = servicio de transporte público regular entre un aeropuerto y un centro urbano.
„Auch hier verbindet ein kostenfreier Shuttle-Service den Flughafen mit dem zwei Kilometer entfernten Novotel Brüssel Airport." (*Die Welt*, Online-Ausgabe, 10. 12. 2005: http://www.welt.de/print-welt/article183288/Ausruhen_am_Airport.html)

Sonne-und-Strand-Land (das, -es, -¨er) = país/destino turístico de sol y playa.
„Wir sind ohnehin kein reines ‚Sonne-und-Strand-Land'." (*Presse und Sprache* Nr. 596, September 2006, 2)

SuperfliegundSpartarif (der, -s, -e) = vuelos tirados de precio.

„[...] ich müsse ihm nur rechtzeitig genug mitteilen, wann es mir passt, damit er einen Flug zum SuperfliegundSpartarif bestellen konnte." (Barbara Noack, *Brombeerzeit*, 7)

Tageszimmer (das, -s, -) = habitación de día.

„Die Wartezeit im Schlaf überbrücken – Tageszimmer in Flughafen-Hotels". (*Die Welt*, Online-Ausgabe, 10.12.2005: http://www.welt.de/print-welt/article183288/Ausruhen_am_Airport.html)

Transferservice (der/das, -, -s) = servicio de transporte para trasladar a pasajeros que llegan a un destino con otro medio de transporte.

„Sieben Kilometer liegt das Dorint Sofitel [...] vom Flughafen entfernt (kostenloser Transferservice)." (*Die Welt*, Online-Ausgabe, 10. 12. 2005: http://www.welt.de/print-welt/article183288/Ausruhen_am_Airport.html)

Untergangstourismus (der, -, sin pl.) = turismo de la fatalidad. OBS: El término surge de la voz anglosajona "doom tourism" inmerso en ideas catastrofistas propiciadas por el cambio climático y los distintos tipos de degradación ambiental. La expresión hace referencia al viajero que desea conocer por última vez los diferentes ecosistemas en vías de desaparición (Polo Norte, Islas Galápagos, parques naturales, etc.) a causa del cambio climático. Dicho turismo se conoce también como el gran negocio de los desastres ambientales porque proporcionan grandes beneficios económicos a los operadores turísticos.

„Ein letzter Blick – Untergangstourismus. Von der globalen Erwärmung sind touristische Regionen weltweit betroffen. Viele Reisende wollen die bedrohten Orte sehen, bevor es zu spät ist, berichtet Micro Lomoth." (*Berliner Zeitung*, 17.1.2009)

Vielflieger (der, -s, -) = persona que viaja muy a menudo en avión.

„Vielflieger, die nach einem anstrengenden Flug mehrere Stunden überbrücken müssen, verlangen nach einem Bett und etwas Schlaf." (*Die Welt*, Online-Ausgabe, 10.12.2005: http://www.welt.de/print-welt/article183288/Ausruhen_am_Airport.html)

Wasser-Tourismus (der, -, sin pl.) = turismo náutico.

„Vor allem der Wasser-Tourismus hat Mecklenburg-Vorpommern wieder zum Sommerreiseziel Nummer 1 in Deutschland gemacht." (*Deutschland* Nr. 2, April/Mai 2007, 27)

Wellnesshotel (das, -s, -s) = hoteles, spas, balnearios del bienestar. OBS: El término hace alusión a una nueva modalidad de hoteles del bienestar integral que buscan la cura mental y corporal del individuo. El wellness ha motivado numerosas creaciones neológicas: **Erholungsurlaub mit Wellness-Charakter, Wellnessreisen, Wellnessurlaub, Wellnesseinrichtungen, Wellnesswochenende**, etc.

„Ob beim Aromabad, einer Klangmassage oder an der Sauerstoffbar, die mehr als 500 reinen Wellnesshotels in Deutschland erweitern das Entspannungs-Abc ständig." (*Deutschland* Nr. 3, Juni/Juli 2006, 22)

Wohlfühlurlaub (der, -s, -e) = vacaciones anti-estress; vacaciones destinadas a perseguir el bienestar como valor primordial. OBS: El término alemán alude al wellness como bienestar vacacional total.

„Bei den Deutschen ist Wohlfühlurlaub schon lange ‚in'." (*Deutschland* Nr. 3, Juni/Juli 2006, 22)

U

- ♦ **Umwelt und Umweltschutz**
- • **Erneuerbare Energien, Energieverbrauch**
- • **Natur**

(Medioambiente y protección medioambiental: Energías renovables, consumo energético y naturaleza)

Billigstrom (der, -s, sin pl.) = luz barata, electricidad de bajo coste/low cost.
„Vergleichen Sie die Stromtarife mit Ihren bisherigen Stromanbietern für Billigstrom." (http://www.billigstrom.de/)

CO2-Zertifikat (das, -(e)s, -e) = (normalmente se usa en pl.) certificado de CO2.
„Fabriken, die zu viel Abgase produzieren, müssen CO2-Zertifikate kaufen." (*Presse und Sprache* Nr. 613, Februar 2008, 6)

Energiepass (der, -es, ¨e) = certificación energética. OBS: Dícese del documento con el que se podrá evaluar la eficiencia en el consumo energético de una casa. Se refiere al documento que acredita la forma de consumo energético de una casa.
„Dann muss jeder Hausbesitzer mit einem Energiepass nachweisen, wie gut isoliert seine Inmobilie ist." (*Deutschland* Nr. 3, Juni/Juli 2006, 9)

Energiepflanze (die, -, -n) = plantas de cultivo energético. OBS: El término hace referencia a las plantas a partir de cuya biomasa se obtiene el denominado combustible biológico.
„Um den wachsenden Bedarf an pflanzlichen Treibstoffen zu decken, könnte bis 2020 ein Drittel der landwirtschaftlichen Ackerfläche in Deutschland für Energiepflanzen genutzt werden, schätzt Landwirtschaftsminister Horst Seehofer (CSU)." (*Presse und Sprache* Nr. 612, Januar 2008, 7)

U – Umwelt und Umweltschutz

Energiesparhaus (das, -es, ¨er) = casa de bajo consumo energético. OBS: Con este neologismo se designa al edificio con una óptima clasificación energética.
„Auch in Rösrath steht ein solches Energiesparhaus." (*Kölner Stadt-Anzeiger*, Online-Ausgabe, http://www.ksta.de/html/artikel/1130999883954.shtml, 03.11.2005)

Feinstaubrichtlinie (die, -, n) = norma de polvo fino.
„ Die Europäische Union möchte die Feinstaubrichtlinie, die seit Januar 2005 gilt, wieder lockern." (*Süddeutsche Zeitung*, Online-Ausgabe, 21.09.2005: http://www.sued deutsche. de/ausland/artikel/80/61019/)

Kioto-Protokoll (das, -s, e) = protocolo de Kioto. OBS: Dícese del compromiso adquirido en Kioto a nivel mundial para la conservación del medioambiente.
„Die Diplomaten verabschiedeten ein ‚Berliner Mandat', das den Weg zum Kioto-Protokoll ebnete." (*Presse und Sprache* Nr. 601, Februar 2007, 3)

Klima-Allianz (die, -, -en) = alianza climática o alianza contra el cambio climático. OBS: Expresión surgida en el entorno de protección al medioambiente para dar nombre a la creación de una alianza mundial para hacer frente al cambio climático.
„Eine ‚Klima-Allianz' aus mehr als 80 zivilgesellschaftlichen und kirchlichen Gruppen ruft für den 8. Dezember zu Demonstrationen auf." (*Presse und Sprache* Nr. 612, Januar 2008, 1)

Klimawandel (der, -s, sin pl.) = cambio climático. OBS: Véanse asimismo los numerosos compuestos que surgen a raíz de esta problemática: **Klimaerwärmung, Klimadebatte, Klimaexperten, Klimaschäden, Klimaschutz, Klimaschutzprogramm, Klimaschutzziele, Klimapaket, Klimaschutzpaket, Klimapolitik, Klimakatastrophe**, etc.
„Tourismus und Umwelt: Wie sich der Klimawandel auf die Reisebranche auswirkt." (*Presse und Sprache* Nr. 612, Januar 2008, 1)

Offshore-Testfeld (das, -(e)s, -er) = campo de prueba offshore/fuera borda.
„Das Bundesumweltministerium unterstützt das Offshore-Testfeld mit 50 Millionen Euro." (*Presse und Sprache* Nr. 610, November 2007, 7)

Ökoheizung (die, -, -en) = sistemas de calefacción ecológica.
"Dazu stockt die Regierung ihr Förderprogramm für Ökoheizungen massiv auf." (*Presse und Sprache* Nr. 612, Januar 2008, 1)

Ökostrom (der, -s, sin pl.) = electricidad ecológica.
"Wichtig ist außerdem, dass durch eine vermehrte Nutzung von Ökostrom der Anteil an produziertem CO^2 je erzeugter Kilowattstunde abnimmt." (http://www.steckdose.de/oekostrom.html)

Passivhaus (das, -es, -¨er) = casa sostenible. OBS: Dícese del edificio o construcción sostenible que consume menos energía, debiendo ser ésta de tipo renovable. Este nuevo concepto 'sostenible' ha dado lugar a numerosos compuestos dentro de la arquitectura respetuosa con el medioambiente.
"Das Konzept des modernen Passivhauses greift den Gedanken der effizienten Energieausbeute auf." (*Süddeutsche Zeitung*, Online-Ausgabe, 17.05.2006: http://www. sueddeutsche.de/immobilien/kaufenbauen/artikel/28/75952/)
Passivhaus-Besitzer (propietario de una casa sostenible); **Passivbauten** (construcciones sostenibles); **Passivbauweise** (forma de construcción sostenible); **Fast-Passivhäuser** (casas casi completamente sostenibles).

(Unsichtbare) Stromfresser (der, -s, -) = consumo invisible de electricidad. OBS: La expresión se refiere al gasto producido por los electrodomésticos en posición 'stand-by'.
"Neben den großen Elektrohaushaltsgeräten wie Waschmaschine, Kühlschrank und Geschirrspüler gibt es in den meisten Haushalten noch eine Vielzahl von kleinen Geräten, deren Stromverbrauch meist unterschätzt wird." (http://stromtipp.de/rubrik2)

Tsunamiwarnsystem (das, -s, -e) = sistema de alerta contra tsunamis.
"Tsunamiwarnsystem soll im Indischen Ozean eingerichtet werden." (http://www.faz.net/s/Rub2542FB5D98194DA3A1F14B5B01EDB3FB/Doc~E C9826F03DAB34F6B8F8450FD541194AF~ATpl~Ecommon~Scontent.html)

U – Umwelt und Umweltschutz

Umweltplakette (die, -, -n) = pegatina medioambiental. OBS: En Alemania está prohibida, desde enero de 2008, en muchas ciudades la entrada de coches contaminantes al centro de la ciudad. Los coches llevan una pegatina en un color determinado para saber si pueden circular por el centro o no.

„Ab dann darf nur noch mit grüner Umweltplakettte in die Umweltzone eingefahren werden." (http://www.autoki.de/wiki/show/umweltzone)

Weltklimakonferenz (die, -, -en) = conferencia mundial sobre cambio climático.

„Als deutschen Beitrag zur Weltklimakonferenz auf Bali hat die Bundesregierung ein umfangreiches Klimaschutzprogramm beschlossen." (*Presse und Sprache* Nr. 612, Januar 2008, 1)

Windpark (der, -s, -s) = parque eólico. OBS: La necesidad de ahorro energético y de protección medioambiental cada vez más imperante, no sólo en la sociedad alemana sino en toda la comunidad internacional, impulsa la formación de nuevos vocablos intrínsecamente relacionados con este ámbito nocional. Véanse también los ejemplos resultantes tales como **Windkraftanlagen, Windparkprojekt, Pilotwindpark**.

„Nach Jahren der Zurückhaltung hat der Düsseldorfer Eon-Konzern die Bauarbeiten für die Kabeltrasse für Deutschlands ersten Windpark in der Nordsee aufgenommen." (*Presse und Sprache* Nr. 610, November 2007, 7)

W

♦ **Wirtschaft und Finanzen**

(Economía y finanzas)

Betriebskindergarten (der, -s, -¨n) = guardería propia de la empresa para los niños de sus trabajadores.
„Nur 3,5 Prozent der Unternehmen bieten Betriebskindergärten oder Belegplätze an." (*Die Welt*, Online-Ausgabe, 19.12.2006: http://www.welt.de/data/2006/12/19/1151711)

Breitbandgeschäft (das, -(e)s, -e) = negocio en el área de la banda ancha.
„Das Festnetz- und Breitbandgeschäft und die Geschäftskundensparte verzeichnen im ersten Quartal deutliche Gewinneinbußen und Kundenschwund." (*Die Welt*, Online-Ausgabe, 10.5.2007: http://www.welt.de/wirtschaft/article/863327)

City-Maut (die, -, en), auch Stadt-Maut (die, -, en) = peaje urbano.
„400 Millionen Euro lassen sich die Schweden einen Test kosten, der den Verkehr aus Stockholm zurückdrängen soll: Seit heute müssen Autofahrer City-Maut entrichten." (*Der Spiegel*, Online-Ausgabe, 03.01.2006: http://www.spiegel.de/auto/aktuell/0,1518,393367)

Dosenpfand (das, -es, ¨er) = importe de fianza para asegurar la devolución de latas.
OBS: La expresión hace referencia a la devolución íntegra del importe de fianza para incentivar al consumidor que devuelva las latas en el establecimiento donde las adquirió.
„Die von Bundestag und Bundesrat beschlossene Neuregelung zum Dosenpfand tritt am Samstag in Kraft." (*Kölner Stadtanzeiger*, 25.05.2005, 18)

DSL-Anschluss (der, -es, ¨e) = línea ADSL.
„Positiv entwickelte sich den Angaben zufolge im Inland die Zahl der von der Telekom selbst vermarkteten DSL-Anschlüsse." (*Die Welt*, Online-Ausgabe, 10.5.2007: http://www.welt.de/wirtschaft/article/863327)

DSL-Tarif (der, -s, -e) = tarifa ADSL.
„Erfolg durch neue DSL-Tarife". (*Die Welt*, Online-Ausgabe, 10.5.2007: http://www.welt.de/wirtschaft/article/863327)

Eine-Welt-Laden (der, -s, -¨) = comercio de un solo mundo / comercio justo.
„In den Sorten Ananas, Orange, Apfel und Erdbeere zieren sie die Schaufenster der Reformhäuser und Eine-Welt-Läden." (*Presse und Sprache* Nr. 605, Juni 2007, 8)

Elternzeit (die, -, -en) = excedencia por maternidad y paternidad.
„Stark an Bedeutung gewonnen haben auch Maßnahmen, die einen besseren Wiedereinstieg nach einer Elternzeit ermöglichen." (*Die Welt*, Online-Ausgabe, 19.12.2006: http://www.welt.de/data/2006/12/19/1151711)

EU-Dienstleistungsmarkt (der, -es, ¨e) = mercado europeo de servicios.
„Schließlich müsse der EU-Dienstleistungsmarkt liberalisiert werden." (*Netzeitung*, 26.10.2005: http://www.netzeitung.de/spezial/globalvillage/364727.html)

Eurozone (die, -, -n) = zona euro.
„Die spanische Großbank Santander Central Hispano (SCH), von der Börsenkapitalisierung her die Nummer eins in der Eurozone, will ein Global Player werden." (*Die Welt*, Online-Ausgabe, 26.10.2005: http://www.welt.de/data/2005/10/26/794133)

fairer Handel (der, -s, sin pl.) = comercio justo.
„Fairer Handel wächst." (*Presse und Sprache* Nr. 605, Juni 2007, 6)

Fairtrade-Ware (die, -, -n) = artículo de comercio justo.

„Der Umsatz mit entsprechend gekennzeichneter ‚Fairtrade-Ware' ist im vorigen Jahr um fünfzig auf 110 Millionen Euro gestiegen, wie die Organisation Transfair in Bonn berichtete." (*Presse und Sprache* Nr. 605, Juni 2007, 6)

familienfreundlich (adj.) = favorable a la familia, a favor de la familia como grupo social.

„Die Arbeitswelt in Deutschland wird familienfreundlicher." (*Die Welt*, Online-Ausgabe, 19.12.2006: http://www.welt.de/data/2006/12/19/1151711.html?prx=1)

Familienfreundlichkeit (die, -, sin pl.) = decisiones y actuaciones a favor de la familia como grupo social.

„„Die Unternehmen haben erkannt, dass Familienfreundlichkeit ein knallhartes Managementinstrument ist, wenn es darum geht, die besten Arbeitskräfte an sich zu binden', sagte die Ministerin." (*Die Welt*, Online-Ausgabe, 19.12.2006: http://www.welt. de/data/2006/12/19/1151711.html?prx=1)

Filesharing-Netz (das, -es, -e) = P2P.

„Im vergangenen Jahr seien rund 415 Millionen Titel illegal aus Filesharing-Netzen heruntergeladen worden." (*Rheinische Post*, Online-Ausgabe, 23. 5. 2006: http://www.rp-online.de/public/druckversion/nachrichten/multimedia/computer)

geleast (part. II) = prestado, arrendado. OBS: Voz inglesa adaptada a los cánones del alemán.

„[...] sozusagen ein geleaster Hund, der anschlug, wenn nachts obskure Typen durch den Garten geisterten [...]." (Barbara Noack, *Brombeerzeit*, 208)

Mautflüchtling (der, -s, -e) auch Mautpreller (der, -s, -) = burlador del peaje.

„Fink: ‚Die juristische Spitzfindigkeit, dass ein Mautflüchtling nur als solcher gilt, wenn er eine Autobahn verlässt, ist für uns Anwohner nicht akzeptabel.'" (*Abendblatt*, Online-Ausgabe, 07.02.2006: http://www.abendblatt.de/daten/2006/02/07/531230.html)

Musikpiraterie (die, -, -ien) = piratería de música.
„Zwar gebe es für die Einbußen auch andere Ursachen, als Hauptverantwortliche sehe die Industrie aber die Musikpiraterie, betonte Zombik." (*Rheinische Post*, Online-Ausgabe, 23. 5. 2006: http://www.rp-online.de/public/druckversion/nachrichten/multimedia/computer)

no frills (en pl.) = productos de consumo sin florituras. OBS: Voz inglesa (de *no frills brand*, en alemán *Kampfmarke*) que hace referencia a la tendencia de adquirir 'marcas blancas', es decir, productos básicos de consumo competitivos sin valores añadidos, donde priman la calidad y el buen precio. También consumo *low cost*.
„Die am meisten genutzte no Frill Airline in Deutschland. Einfach zu bedienende Webpage, ein Tarifvergleich mit anderen lohnt sich dennoch, da auf die Preise noch die jeweiligen Steuern der Flughäfen dazu kommt." (http://www.brentmodels.eu/rates.htm)

Ranking (von Transparency International) (das, -s, -s) = ranking de transparencia internacional. OBS: Llama la atención el uso del anglicismo completo probablemente por prestigio social dentro del lenguaje periodístico.
„Mit gelegentlichen Zuwendungen für Entscheidungsträger ließen sich so manche Türen leichter öffnen in einem Land, das im Ranking von Transparency International das korrupteste der Welt ist." (*Presse und Sprache* Nr. 600, Januar 2007, 6)

Raubkopierer (der, -s, -) = persona que copia ilegalmente.
„Mit einer bisher einzigartigen bundesweiten Großrazzia nimmt der Kampf der Musikindustrie gegen Raubkopierer eine für Deutschland neue Härte an." (*Rheinische Post*, Online-Ausgabe, 23. 5. 2006: http://www.rp-online.de/public/druckversion/nachrichten/multimedia)

Rückkehrquote (die, -, -n) = el porcentaje de las personas que vuelven, normalmente al trabajo, después de un tiempo de ausencia.
„Dabei geht es den Unternehmen auch darum, die Rückkehrquote der Mütter aus der Babypause zu erhöhen." (*Die Welt*, Online-Ausgabe, 19.12.2006: http://www.welt.de/data/2006/12/19/1151711.html)

Sabbatical (das, -s, -s) = un tiempo sabático, de excedencia.

„Dabei reicht die Palette von individuell vereinter Arbeitszeit bis zur flexiblen Lebensarbeitszeit, von Telearbeit bis zu Sabbaticals." (*Die Welt*, Online-Ausgabe, 19.12.2006: http://www.welt.de/data/2006/12/19/1151711.html)

Scheißcomputerbürokratie (die, -, n) = "burrocracia" informática.

„... worauf ich meinen ersten Ausfall hatte und Scheißcomputerbürokratie brüllte." (Barbara Noack, *Brombeerzeit*, 191)

Schwellenland (das, -(e)s, -¨er) = país umbral. OBS: Se trata de países que económicamente son débiles, pero no se les considera países del Tercer Mundo.

„Schwellenländer ermahnen Industriestaaten." (*Die Welt*, Online-Ausgabe, 14. 12. 2005: http://www.welt.de/wirtschaft/article184306/WTO_Schwellenl aender_ermahnen_Industriestaaten.html)

Second-Hand-Wirtschaft (die, -, en) = (normalmente se usa en sg.) economía de segunda mano.

„Eine florierende Second-Hand-Wirtschaft, die das Einkleiden verbilligt, fair bezahlte Jobs und vor allem subventionierte Kitaplätze." (*Presse und Sprache* Nr. 603, April 2007, 5)

Servicewüste (die, -, -n) = el desierto en el sector de servicios.

„Tankwart, Tankwart. Was war doch gleich noch ein Tankwart? Nirgendwo in Deutschland ist der Weg in die Servicewüste so früh, so schnell und so konsequent beschritten worden wie im Tankgewerbe." (*Berliner Zeitung*, Online-Ausgabe, 27.02.2006: http://www.berlinonline.de/berliner-zeitung/a rchiv/.bin/dump.fcgi/2006/0227/politik/0045/index.html?keywords=Servicew %FCste;every=1;utf8=1;mark=servicew%FCste)

Shoppen (das, -s, sin pl.) = (para) comprar. OBS: Una vez más el anglicismo constituye una de las fuentes más importantes para el enriquecimiento de la lengua alemana en la era actual.

„Kleine Handwerksläden und Spezialitätengeschäfte laden dort zum Schlendern und Shoppen ein." (*Presse und Sprache* Nr. 600, Januar 2007, 12)

Sonntagskunde (der, -n, -n) = comprador en domingo. OBS: Nuevo lexema originado tras la ley de liberalización del comercio y la ampliación del horario de venta en domingos y días festivos.

„Der Sonntagskunde nimmt auch mal zwei oder drei Teile mit, während der Werktagskäufer schnell reinkommt, weiß, was er will, und nach nichts anderem guckt." (*Presse und Sprache* Nr. 612, Januar 2008, 5)

Stellenpool (der, -s, -s) = bolsa de empleados de servicios públicos.

„,Überhang', das ist der Stamm an Mitarbeitern, die im Zuge von Personalabbau im öffentlichen Dienst ihre Arbeitsplätze verloren haben und nun von einem Stellenpool in neue Tätigkeiten vermittelt werden sollen." (*Die Welt*, Online-Ausgabe, 20. 9. 2005: http://www.welt.de/politik/article166020/Fuer_den_Papierkorb_gewaehlt.html)

Teuro (der, -(s), sin pl.) = el euro relacionado con la carestía de la vida.

„Die Rückkehr des Teuro". (*Focus* 25/2005, 139)

Wiedereinsteigerprogramm (das, -s, -e) = programa de reinserción. OBS: La expresión hace referencia al programa para personas que vuelven a integrarse en una estructura social, normalmente en el trabajo.

„So hat sich der Anteil der Unternehmen mit Wiedereinsteigerprogrammen seit 2003 fast verdoppelt." (*Die Welt*, Online-Ausgabe, 19.12.2006: http://www.welt.de/data/2006/12/19/1151711.html)

Wirtschaftsriese (der, -n, -n) = gigante económico.

„Der lächelnde Wirtschaftsriese kauft in Deutschland ganze Wälder und sichert sich still und leise den begehrten Rohstoff Holz." (*Presse und Sprache* Nr. 608, September 2007, 7)

***ibidem*-Verlag**

Melchiorstr. 15

D-70439 Stuttgart

info@ibidem-verlag.de

www.ibidem-verlag.de
www.ibidem.eu
www.edition-noema.de
www.autorenbetreuung.de

www.ingramcontent.com/pod-product-compliance
Lightning Source LLC
Chambersburg PA
CBHW051811230426
43672CB00012B/2690